孩子有情绪 妈妈有妙计

水青衣　格根塔拉　陈仕琴 ◎ 著

中国铁道出版社有限公司
CHINA RAILWAY PUBLISHING HOUSE CO., LTD.

图书在版编目(CIP)数据

孩子有情绪,妈妈有妙计 / 水青衣,格根塔拉,陈仕琴著. -- 北京：中国铁道出版社有限公司, 2025. 7.
ISBN 978-7-113-32297-7

Ⅰ. G782

中国国家版本馆 CIP 数据核字第 2025JX6466 号

书　　名：**孩子有情绪,妈妈有妙计**
　　　　　HAIZI YOU QINGXU, MAMA YOU MIAOJI
作　　者：水青衣　格根塔拉　陈仕琴

责任编辑：陈晓钟　　　　　　编辑部电话：(010)51873036
封面设计：宿　萌
责任校对：苗　丹
责任印制：赵星辰

出版发行：中国铁道出版社有限公司 (100054,北京市西城区右安门西街 8 号)
网　　址：https://www.tdpress.com
印　　刷：三河市宏盛印务有限公司
版　　次：2025 年 7 月第 1 版　2025 年 7 月第 1 次印刷
开　　本：880 mm×1 230 mm　1/32　印张：5.75　字数：100 千
书　　号：ISBN 978-7-113-32297-7
定　　价：58.00 元

版权所有　侵权必究

凡购买铁道版图书,如有印制质量问题,请与本社读者服务部联系调换。电话:(010)51873174
打击盗版举报电话:(010)63549461

序

"别哭了,哭有什么用?"

"你看看别人家的孩子,怎么就你这么容易生气?"

"你能不能懂点事,别再让我操心了?"

亲爱的家长,你有没有说过上述话语?

孩子的世界充满五彩斑斓的梦想与挑战,而情绪,就像那变幻莫测的天气,时而晴空万里,时而风雨交加。作为妈妈或教育者,我深知,教会孩子如何管理自己的情绪,不仅是他们成长道路上的一门必修课,更是他们未来能够自信、快乐地面对生活的关键。

但很多时候,他们或许还不太懂得如何用恰当的方式表达自己的情绪,更不知道如何调节情绪,并让其回归平静——而这些时刻,正是我们伸出援手,引导孩子学着管理情绪的关键时刻。

作为父母,我们有责任引导他们,帮助他们学会识别和管理自己的情绪,培养出健康、积极的心态。这不仅对他们的当下至关重要,更将深远地影响他们的未来。

在我的亲子社群中,有着来自全国各地形形色色的妈妈,我常常听到她们感叹:如果能在孩子成长的道路上,有一本既实用又贴心的情绪管理书籍作为陪伴,那该有多好。的确,这样的知识如果能早些时候获得,我们就能更早地建立起与孩子的深厚联系,引导他们平稳地航行在成长的海洋中。

于是,出于这样的愿景,我与格根塔拉、陈仕琴三位教育工作者提笔写下了这本书,希望它能成为孩子在情绪海洋中航行时的一盏明灯。

本书旨在解决一个困扰妈妈和教育者很久的问题,同时它也是我希望通过这本书解决的难题——到底如何引导,孩子才能学会管理自己的情绪。

每天,我们看着孩子因为小事而情绪波动:可能是因为一次小挫折而沮丧;可能是因为与成功失之交臂而遗憾;可能是因为课堂上举手却回答错误而尴尬……我们试图安慰他们,却发现自己的话语似乎总是无法触动他们。

真的是孩子难以管理自己的情绪吗？还是妈妈的引导方式没有真正触及孩子内心，没能让他们心悦诚服地接纳和改变？

所以，与其说这是一本专为孩子量身定制的情绪管理指南，不如说这是一本写给所有父母的亲子沟通书。它不同于传统的说教式教材，而是通过简洁浅显的故事、直白易懂的方法，以及贴近孩子生活的实例，让妈妈们轻松快速地习得方法，在孩子容易产生情绪的场景快速觉察，并能用孩子听得懂的语言教会孩子情绪管理的技巧。

在书中，我们将情绪比作一位既熟悉又神秘的朋友，告诉妈妈也告诉孩子，无论是快乐、悲伤、愤怒，还是沮丧、恐惧……每一种情绪都有其存在的意义和价值，关键在于我们要学会如何恰当地表达、调节和接纳它们。

这本书分为上下两篇，上篇梳理"消极的情绪"，下篇梳理"积极的情绪和品质"，切切实实地从妈妈与孩子的生活中来，致力于解决亲子沟通和情绪管理的痛点。它不啰唆、不枯燥、不复杂，没有长篇大论，没有艰涩难懂，只有一系列实操易行的策略，让你一学就会，一用就灵。

全书从情绪的识别、正面沟通的策略、行动方案等方面，给妈妈带来工具书式的、即查即用的阅读体验与效果，有着鲜明的特色：简单，不讲复杂的心理学理论，只教实用的策略；直接，针对妈妈和孩子的日常互动来提供有效方案;有效,每一句话,每一个育儿妙计,都经过精心设计,旨在帮助孩子学会管理情绪,打开他们的心扉。总之,本书为妈妈了解孩子、做好沟通、引导孩子调节情绪提供了一站式的解决方案。

我期待着,每一位阅至书末并用于实践的妈妈,都能来报喜,来与我分享:

"看完后,真的立刻上手,学到了如何一句话就能引导孩子正确表达情绪;

"真的立刻见效,掌握了如何三言两语平复孩子的情绪波动;

"真的立刻改善,体验到了孩子情绪自控能力提升的欢喜。"

我时常会跟我的妈妈朋友们说:"想象一下,你和孩子的亲子关系只是因为你改变了一些引导方式而变得更加亲密;孩子开始愿意和你分享他们的内心世界,在遇到情绪困扰时,第一时间就想到了你,这是不是特别棒?"

如果你喜欢这份想象,那么,我很肯定,这本书就是你需要的!

如果它符合你的"脾性",你从中也有了一些收获,那是我的幸运。

那么,我想诚挚地邀请你,把它推荐给身边更多有需要的妈妈。

亲爱的妈妈朋友，希望这本书能成为你的案头宝典，时时翻阅。让我们一起开启亲子沟通和情绪管理的新篇章，收获更美好的亲子关系。

也欢迎你添加我的微信（微信ID：shuiqingyi77），与我成为云闺蜜。我很乐意成为妈妈们的亲子顾问，为大家解决亲子关系难题。

我希望，能陪你走过每一个快乐的瞬间和艰难的时刻，陪伴我们的孩子茁壮成长！

你的朋友：水青衣

2025年3月

目 录

上篇：消极的情绪 1

焦虑：假期快结束了，作业没写完 4

委屈：被老师误解上课讲小话 15

厌恶：厌学，每天只想玩手机 28

害怕或恐惧：在学校遭受到欺凌或威胁 37

嫉妒：好朋友得到一个新玩具，自己却没有 48

尴尬：举手答题，答错被同学哄笑 58

恼怒：玩着游戏，被迫中断 66

遗憾：努力了很久，仍没能拿到比赛名次 74

沮丧：期待已久的游乐园活动被取消 81

急躁：被妈妈催促收拾书桌 88

自责：不小心摔坏了家里的花瓶 95

下篇:积极的情绪或优秀的品质 ………… 103

感恩:对身体不舒服的妈妈表达关心 ………… 106

耐心:玩拼图时,耐心寻找和拼凑 ………… 114

喜悦:在学校项目中获得表扬 ………… 123

乐观:班级表演中乐当路人甲 ………… 130

珍惜:回到家后抓紧时间写作业 ………… 137

勇敢:学会表达不同意见 ………… 145

宽容:二宝抢哥哥/姐姐的玩具 ………… 153

好奇:去旅游时对景点提问 ………… 160

平静:多跟妈妈一起散步 ………… 168

上 篇

消极的情绪

有这样一个家庭,妈妈对孩子关怀备至:关心孩子的饮食,特别注重营养是否均衡;在意孩子的穿着,时刻关注衣物品质与舒适度;重视孩子的教育,精心选择学校,并考虑报哪些课外培训班。尽管孩子享受着这般"锦衣玉食",却似乎并不快乐。

孩子主要由保姆和爷爷奶奶照顾,父母因工作繁忙,每月只能陪伴孩子一周左右。全家对孩子寄予厚望,期待他未来能成为精英。因此,对孩子要求严格,考试必须达到一定分数,课后兴趣培训班也必不可少。

而且,很多时候父母与孩子的交流,更多是指出孩子哪里做得不对,对于做得好的地方,却很少给予夸赞。当孩子再次犯错时,父母又会感到生气,并希望他能够减少错误,变得更加优秀。

最终,孩子的妈妈意识到出问题了,她来咨询:"孩子总是郁郁寡欢,怎么办?"

我们跟这个妈妈说:"你们为孩子提供了优越的物质生活,

这点很好,但在面对孩子的精神世界时,却一直忽视,于是孩子就容易产生消极情绪。"

家庭氛围的隐形杀手就是精神忽视,即孩子的情绪、情感等精神需求未得到满足。满足孩子的精神需求,意味着要看见他们的情绪,重视他们的情感和精神需要。

精神需求得到满足的孩子更容易展现出积极情绪,如喜悦、乐观等,这些情绪有助于家庭成员的健康成长;而精神需求未得到满足的孩子则更容易出现消极情绪,如委屈、嫉妒、恼怒等。

不过,当消极情绪出现时,我们不必惊慌。我们不应排斥消极情绪,因为它是我们正常情绪的一部分。关键在于如何转化消极情绪,使其不会一直停留在负面上。

当积极情绪来临时,敞开胸怀迎接它。当消极情绪来临时,不必躲避,正视它,看见它,并努力转化它,使自己从中获得好的转变。

每一种情绪都是一种表达的输出口,我们可以大胆表达出来,不必压抑任何一种感觉,因为那都是我们当下的真实体验。只有真实地接受所有情绪,我们才能站在情绪上方更好地管理它们,而不是被情绪牵着走,伤害到自己或身边的人。

本篇将会深入探讨孩子可能遇到的多种消极情绪:焦虑、委屈、厌恶、害怕或恐惧、嫉妒、尴尬、恼怒、遗憾、沮丧、急躁、自责。

书中不仅列举了这些情绪在孩子日常生活中的常见场景,还精心准备了妈妈在面对这些情绪时应采取的沟通策略,以及相应的育儿妙计。

本篇的核心目的,是通过一系列科学有效的策略,帮助妈妈引导孩子有效管理情绪,平息他们内心那座不时喷发的小火山,让孩子的情绪世界恢复宁静与和谐。

让我们一起踏上这段充满智慧与爱的情绪引导之旅,共同见证孩子的成长与蜕变吧!

焦虑：假期快结束了，作业没写完

焦虑这种情绪，就像孩子心中不请自来的小小客人，会让他们感到不安和困扰。当孩子面临压力或不确定的事情时，焦虑感便悄然而生，一点点影响着他们的情绪和行为。作为妈妈，我们的任务是帮助孩子学会认识和应对这种情绪，帮助他们找回内心的平静，引导他们走向更加自信和坚强的成长之路。

◆ 案例分析

小明在假期结束前的几天里，发现自己的作业进度远远落后于计划，这让他感到十分不安。每当想到即将到来的新学期和老师的检查，小明心中就充满了担忧和恐惧，他害怕因为作业未完成而受到批评或惩罚。

这种焦虑情绪的产生，从心理层面分析，主要是因为小明对未完成任务的后果有着强烈的担忧。他担心老师的责备、同学的嘲笑,甚至学业成绩的下滑,这些担忧让他感到无助和沮丧。

同时,小明也可能对自己的时间管理能力和自律性产生了怀疑,他意识到自己在假期没有合理安排时间,导致现在面临作业的紧迫压力。这种对外在评价的担忧和自我怀疑交织在一起,加剧了小明的焦虑感,使他难以冷静面对问题并寻找解决方案,甚至出现了失眠、食欲不振的情况。

◆ 常见场景

除了假期作业未按时完成,孩子还可能在哪些场景产生焦虑情绪呢?

○ 考试前的紧张:孩子往往会在考试前夜坐立不安,担心自己考不好。这时候,他们需要的也许不是复习资料,而是妈妈的理解和支持。

○ 更换新环境(换新学校或新老师):每当新学期开始,孩子就会面临"收心"的问题。如果转换新学校,还可能会对新环境、新老师、新同学感到不适应。

○ 参加竞赛或表演:参加校内外的才艺表演或者竞赛,孩子可能会紧张到手心出汗,也会因为担心名次而产生焦虑情绪。比如小丽在准备钢琴比赛时,总是担心自己会忘谱,会弹错音符,赛前几天甚至焦虑得没有胃口、吃不下饭。

○ 在家庭聚会中被拿来做比较：在家庭聚会中，亲戚们可能无意间就去比较孩子们的成绩或才艺，导致孩子一参加聚会就产生焦虑情绪，不想出现。比如，小明在一次家庭聚会后闷闷不乐地说："妈妈，我的成绩没有表姐好，我永远都得不到姥姥的表扬。"

○ 与朋友的争执：孩子间的小争执，可能会让他们感到焦虑和不安。比如，小红和最好的朋友因为一个小布偶发生了争执。回家后，她一直担心这件事会影响她们的友谊。

○ 家庭经济压力：当家庭遇到经济困难时，孩子可能会感到焦虑。小红听到爸爸妈妈讨论房贷和生活费用时，担心自己再也不能去上舞蹈课了。

○ 父母的争吵：父母的争吵往往会让孩子感到不安和焦虑。小明在爸爸妈妈吵架后，总是担心他们会离婚，自己会失去温暖的家。

○ 对未来的担忧：随着年龄的增长，孩子可能会对未来感到迷茫和焦虑。高中的孩子会担心自己考不上大学，担心未来。

○ 身体的变化：青春期的身体变化也会让孩子感到焦虑。像女生在初经来临时，会感到困惑和不安，担心自己是不是"生病了"。

◆ 沟通策略

焦虑情绪频发场景及沟通策略

场景	孩子感受	不当表达	正向沟通
假期作业没有写完	感到焦虑和恐慌，担心受到惩罚或被同学嘲笑	斥责、吼骂孩子："为什么你总是等到最后一分钟才开始着急？开学你自己去跟老师说。"	安抚情绪，提出解决办法，比如对孩子说："我能看出你现在很焦虑。我们一起看看还有什么解救方案。以后可要提前规划，避免这种事再发生。"
考试前的紧张	感到不安和担忧，担心表现不佳	忽视孩子的紧张，对孩子说："考试没什么大不了的，你越紧张越考不好。"	认真倾听孩子的担忧，安慰孩子："我理解你很紧张，妈妈可以陪你一起做一些放松活动。"
更换新环境（新学校或新老师）	对新环境、新面孔感到不确定和忧虑	轻描淡写应对孩子的担忧，比如对孩子说："新学期有什么可怕的，你应该兴奋才对！"	鼓励孩子表达自己的感受，安慰孩子："新环境确实让人有些紧张，我们可以一起准备，相信你会很快适应的。"
参加竞赛或表演	紧张和害怕失败，担心丢脸	过分强调结果："你这样紧张，肯定拿不到好成绩。"	更强调过程和努力，安慰孩子："我看到你非常努力，无论结果如何，我都为你感到骄傲。"

续上表

场景	孩子感受	不当表达	正向沟通
家庭聚会中的比较	感到自卑和不被重视	无意中比较孩子,并说:"你看看人家,你怎么就不行?"	强调孩子的独特性,告诉孩子:"宝贝,每个人都有自己的优点,我为你的独特之处感到骄傲。"
与朋友的争执	感到困惑和担忧,担心友谊受影响	轻视孩子的友谊问题,随口对孩子说:"这点小事没什么大不了的。"	认真倾听并耐心对待孩子的感受,积极引导孩子:"朋友间产生争执很正常,我们可以一起学习如何修复关系。"
家庭经济压力	感到担忧和无助,担心生活出现变故	避免提起经济问题,不让孩子参与家庭事务的讨论,严厉地对孩子说:"这是你该关心的吗?你只需要专心学习。"	适当与孩子开放沟通:"现在家里经济确实有点紧张,不过困难只是暂时的。你还可以继续上舞蹈课,放心吧!"
父母的争吵	感到害怕和不安全,担心家庭破裂	忽略孩子的感受,直接对孩子说:"大人的事你不懂,闭上嘴看你的书去。"	尊重孩子,给予回应:"宝贝,妈妈会解决好问题的,你不用担心。"
对未来的担忧	感到迷茫和焦虑,担心未来	忽视孩子的担忧,表现出不信任或不理解:"你先想想这次模拟考试能考多少分吧,不要去想未来那么远的事。"	鼓励孩子规划未来:"如果你愿意,我们可以一起讨论你的未来计划,这样目标感会更强。"

续上表

场景	孩子感受	不当表达	正向沟通
身体的变化	感到尴尬和困惑,担心自己与别人不同	轻视孩子的感受,认为这是成长过程中自然而必须经历的部分,不解地对孩子说:"你大惊小怪什么,每个女孩都会经历的。"	认真对待孩子的感受,安慰孩子:"我们可以一起了解更多关于身体变化的知识,这样你会感觉更自在。"

◆ 育儿妙计

父母要做淡然的"原件"

当孩子遭遇焦虑的浪潮,家长首先要成为那稳固的岸。培养自身平稳淡定的情绪,是给予孩子的第一道防线。焦虑,不过是情绪海洋中的一朵浪花,作为家长,我们无须惊慌失措,更不必过分忧虑。与其担忧,不如以"兵来将挡,水来土掩"的从容,展现给孩子一份安定。相信家长的松弛,定会如磁场般吸引孩子走出紧绷,回归宁静。

有时候,家长也需要反思,是否自己的某些行为,不经意间在孩子心中种下了焦虑的种子。妈妈是原件,孩子是复印件。成人世界广阔,可以通过多种方式、多个角度去汲取能量,但孩子的小小世界里,几乎都是我们的倒影。所以,当孩子情绪出现波动时,家长先要反思自己,看看是否自己无形中向孩子传递了焦虑。当家长自己情绪稳定、思路清晰、状态轻松时,便更容易引领孩子走向积极正向的成长之路。

用积极的视角看世界

家长要试着教会孩子积极正面地看待事情。同样一件事发生,不同的视角会让人产生不同的情绪。从本质上讲,我们的认知决定了我们的情绪。比如,孩子一向按时完成作业,有一天作业突然不见了,导致交不了作业,被老师批评了一顿,从那以后,他便焦虑重重,担心老师会对自己有不好的印象,不仅上课无心听讲,有时吃饭也心不在焉。这时,你可以试着告诉孩子:"你的担心我能理解,也许我们可以积极正面看待这件事。老师批评你,是因为她关心你,希望你每天都能好好学习,而不是讨厌你。"

做"成功倒带"练习

面对挑战时,回顾往昔的辉煌经历是重塑自信的良方。比如,孩子平时英语成绩优异,但因为有一次考试考砸了,后来便总担心自己英语考试考不好。这时,你可以告诉孩子:"还记得上次英语考前的焦虑吗?结果你的成绩出乎意料地好。你有能力再次取得好成绩。"当孩子没有信心应对挑战时,我们可以让孩子从过去的成功经验中汲取力量,让他们明白,一次的不如意并不代表永远的失败。

大自然疗愈法

大自然是最温柔的疗愈师。带孩子走进自然的怀抱吧!让花香、鸟鸣、阳光、泥土来抚慰他们焦虑的心。无论是山巅的俯瞰,还是林间的漫步,都是心灵的一次洗礼。当然也可以尝试其他活动来转移孩子的焦虑情绪,比如带孩子去运动、去看喜剧、去做瑜伽等。

◎ **案例解忧**

假期即将结束,可孩子没有写完作业,一想到可能无法按时交,孩子就很焦虑,不知道怎么办。

尽管作业按时完成很重要,但从孩子的身心健康来说,家长更需重点关注孩子的情绪,所以建议妈妈们先解决情绪问题,再想办法解决具体的作业问题。

基于这个前提,针对孩子的焦虑情绪,可以对孩子说:"宝贝,妈妈知道你现在因为假期作业没写完感到很焦虑,心里就像压着一块大石头,沉甸甸的。但是,妈妈想告诉你,遇到事情时,我们首先要做的是平复自己的情绪,稳定的情绪才更有利于问题的解决。所以,别急,先一起坐下来,深深地吸一口气,再慢慢呼出去,感受那份紧张随着气息一起离开身体。妈妈会一直陪在你身边,无论发生什么,你都不是孤单一人。"

当孩子心情变得平静一些了,家长再和孩子一起解决具体的作业问题。家长可以引导孩子从以下几方面来解决:

① 制订计划

和孩子一起坐下来,看看作业还有多少没有完成,然后制订一个合理的计划,每天完成一小部分,这样既不会让孩子感到压力太大,也能确保在开学前完成作业。

② 分解任务

如果觉得某项作业特别难或者量特别大,家长可以引导孩子把它分解成更小、更容易完成的部分。比如可以将一篇作文分为开头、中间和结尾三个部分来写。

③ 设定小目标

家长可以引导孩子设定一些短期、容易达成的小目标,比如"今天要写完数学作业的前三章"。每完成一个小目标,就给孩子一个小小的奖励,比如奖励一块孩子喜欢的巧克力或者允许孩子玩一会儿游戏等。

④ 寻求帮助

如果孩子在完成某项作业时遇到了困难,安慰孩子不要害怕,要积极寻求帮助。告诉孩子可以问妈妈,也可以问老师或者同学。同时,告诉孩子寻求帮助并不是一件丢人的事情,反而是一种很聪明的做法。

⑤创造良好的学习环境

家长可以协助孩子一起把书桌整理干净,确保孩子有一个舒适、安静的学习环境。

⑥合理安排时间

除了完成作业,家长也要确保孩子有一定的时间来休息和娱乐。可以制作一个时间表,既包括学习时间,也包括休息时间。这样,孩子就能在高效学习的同时,也不会感到过于疲惫。

在安抚好孩子的情绪,并明确具体解决方案后,家长可以鼓励孩子将这次经历视为成长的机会,并展望未来:"这次经历会让你变得更强大。记住,每个人都有遇到困难的时候,重要的是我们如何面对和克服。我相信,未来你一定会更好!"

◆ 小结

本节中,探讨了如何引导孩子应对焦虑情绪。

作为妈妈,首先要培养自己的稳定情绪,努力让自己成为孩子情绪稳定的"原件"。其次,我们了解了如何用积极的视角帮助孩子重新审视问题,如何通过回顾成功经历来增强孩子的自信,以及如何利用大自然的疗愈力量来缓解孩子的焦虑。

这些方法不仅能帮助孩子应对焦虑，更重要的是教会了他们如何面对生活中的挑战。我们的目标是培养孩子成为能够自我调节情绪、勇敢面对困难的人。让我们继续用耐心和爱心，陪伴孩子健康成长吧！

委屈：被老师误解上课讲小话

受到冤枉、不平等的待遇或一些责备时，心里会感到难过，这种情绪便是委屈。它会让孩子情绪低落，不开心，甚至抑郁，影响孩子的身心健康。当孩子受到委屈时，家长应帮助他们化解心结，使其更好地成长。

◆案例分析

浩浩在课堂上因为被老师误解为上课讲小话而感到十分委屈。他明明只是在帮后座的小红捡笔，捡起来后回头交还的一个小动作却被老师误认为是在课堂上不专心，跟同学讲小话。

这突如其来的误解让浩浩心里五味杂陈，委屈感立刻涌上心头。他试图向老师解释，但在课堂的那个瞬间，所有辩解都显得那么无力。课后，浩浩情绪低落，不再像往常一样积极参与课间活动，而是选择一个人默默地坐在教室的角落。回家后，他把这件事告诉妈妈，说着说着，就忍不住哭了起来，眼神中流露出不被理解的失落。

浩浩之所以会失落，会难过到哭，是因为他的自尊心受到了伤害。他被老师误解为不守纪律的学生，就感觉自己的形象会在老师心中大打折扣，这种负面评价让孩子深感不安。同时，他也担心这种误解会持续影响老师对自己的看法，甚至可能给同学留下不好的印象，影响之后自己在班级的人际关系。这种对未知后果的担忧，以及想要澄清误会却无从下手的无力感，共同加剧了孩子的焦虑情绪。浩浩渴望被理解，却又害怕自己的声音被忽视，这种矛盾的心理状态让孩子倍感煎熬。

像浩浩这样因为被误解而导致委屈情绪滋生的情况非常常见，孩子可能会因为妈妈或老师误解了他们的行为或意图而感到委屈，特别是当他们努力解释却仍未能得到理解的时候。

◆ 常见场景

除了被老师误解外，孩子还在哪些场景下容易产生委屈情绪呢？

○ 遭受不公平对待：当孩子看到兄弟姐妹或朋友得到更多的关注或奖励，而自己却没有时，可能会感到委屈。

○ 努力未被认可：孩子在完成某个项目或任务时付出了很

多努力，但成果没有得到妈妈或老师的认可，可能就感觉自己的努力白费了，进而产生委屈情绪。

○ 被错误地指责：当孩子被错误地指责做了某件他们没有做的事情时，他们可能会感到非常委屈。

○ 社交排斥：孩子在社交场合中被排挤或忽视，尤其是在他们试图加入一个群体被拒绝时，可能会感到委屈。

○ 比较带来的压力：妈妈经常将孩子与他人比较，强调他们不如别人的地方，这可能会让孩子感到自己不够好，从而产生委屈情绪。

○ 失败后的批评：孩子在尝试新事物或面对挑战时失败，如果随后遭到批评或嘲笑，那么他们可能会感到委屈和沮丧。

○ 隐私被侵犯：当孩子的私人物品或空间未经允许被他人触碰或查看时，他们可能会因为自己的隐私被侵犯而感到委屈。

○ 被迫放弃兴趣：孩子被迫放弃自己的兴趣或爱好，以满足他人的期望或外在评价标准，此时的他们可能会因为自己的选择和愿望被忽视而感到委屈。

○ 情感表达受限：在一些家庭中，孩子可能被教育要压抑自己的情感，当他们的情感表达不被允许或理解时，他们可能会感到委屈和沮丧。

◆ 沟通策略

委屈情绪频发场景及沟通策略

场景	孩子感受	不当表达	正向沟通
被误解	感到困惑和沮丧	未倾听孩子的观点，急于下结论。比如对孩子说："你没有做，别人会说你吗？不要说没有人理解你，这一定是你的原因。"	耐心倾听孩子的解释，给予理解和支持。比如关切地对孩子说："宝贝，我感觉到你可能被误解了，我们可以聊一聊，我想听听事情的经过。"
遭受不公平对待	感到被边缘化和轻视	偏袒其他孩子，不公正地分配关注，比如对孩子说："你怎么这么多事，别总是抱怨。"	公平对待每个孩子，确保每个孩子都能感受到被爱和被重视。比如可以温柔地对孩子说："妈妈注意到你不开心了。宝贝，你的感受很重要，你愿意说说你的想法吗？"
努力未被认可	感到失望和挫败	忽略孩子的付出，只关注结果。比如直接对孩子说："不要跟我说你努力了，努力会是这个结果吗？"	肯定孩子的努力，即使结果不完美也给予鼓励："我看到你非常努力，这本身就值得骄傲。让我们一起看看怎么改进会更好。"

续上表

场景	孩子感受	不当表达	正向沟通
被错误地指责	感到冤枉和愤怒	在未核实情况下责备孩子,比如反问孩子:"如果你一点问题都没有,别人怎么会说你?"	澄清误会,向孩子道歉并给予公正对待。比如对孩子说:"我知道你感到被冤枉了,我会和你一起找出真相,确保你得到公正对待。"
社交排斥	感到孤立和不被接受	忽视孩子的社交困扰,埋怨孩子:"你总是这样孤僻,为什么不能合群一些?"	帮助孩子提升社交技能,鼓励孩子积极参与集体活动。比如可以对孩子说:"我注意到你最近似乎有些孤单,我们可以一起想想如何结交新朋友。"
因比较带来了压力	感到不足和压力重重	经常进行负面比较,强调孩子的不足。比如对孩子说:"看看别人家的孩子,你怎么就不行?"	避免比较,强调孩子个人的成长和进步,时常鼓励孩子,比如对孩子说:"每个人都是独一无二的,我为你做自己感到骄傲。"
失败后的批评	感到气馁	在失败时批评孩子,增加了孩子的压力。比如埋怨孩子:"你总是这样,难怪会失败。"	鼓励孩子正视失败,为孩子提供积极的反馈和支持,比如勉励孩子:"失败是成功之母,我相信我们可以从中学习,一起变得更强。"

续上表

场景	孩子感受	不当表达	正向沟通
隐私被侵犯	感到不安全和不信任,担心自己的秘密被窥视	未征得同意查看孩子的日记或手机,侵犯隐私。比如家长不理解地说:"我只是关心你,看看你的日记/手机有什么大不了的。"	尊重孩子的隐私,与孩子建立信任关系,教育孩子隐私的重要性:"我尊重你的隐私,每个人心中都有自己的小秘密。如果你愿意分享给我,那我一定守护好它;如果你想自己守护,不愿让他人知道,也没有任何问题。"
被迫放弃兴趣	感到失落和不被尊重	强迫孩子放弃他们的兴趣以符合期望,比如强迫孩子:"整天搞这个有什么用,你应该专注于学习。"	支持孩子的个人兴趣,鼓励他们发展个性。比如对孩子说:"我支持你追求自己的兴趣,我们可以一起找找平衡爱好和学习的方法。"
情感表达受阻	感到压抑和不被理解	压制孩子的情感表达,比如指责孩子:"你怎么这么多话,你要学会控制自己。"	鼓励孩子自由表达情感,为孩子提供一个安全和接纳的环境,积极引导孩子:"情绪是正常的,我在这里陪伴你,我们可以一起学习如何表达和管理情绪。"

◆ 育儿妙计

当孩子产生委屈情绪时,家长可以这样做。

第一步:共情理解

如果孩子感到委屈,要先和孩子共情,倾听孩子的感受。当孩子感到委屈时,最需要的是父母的理解,切忌一上来就讲一大堆道理。只要孩子还在情绪中,处于委屈的状态,你讲的任何道理都根本听不进去。

不要说:

"你委屈啥呀,这么点小事有什么好委屈的。"

"你怎么这样小气,他这么做又不是故意的。"

而是说:

"宝贝,我知道你很委屈,很难过,想哭就大声哭出来。"

"我能理解你,换作我的话,我也会感到委屈。"

比如:孩子的位子被人占了,他立马不开心了,感到很委屈。

这时,家长可以跟孩子说:"你的位子被人占了,所以感到委屈是吗?但是你又不知道怎么和对方说,对吗?"孩子听到这里会觉得你很懂他,懂他的感受。这时孩子会觉得委屈得到了安放,他的内心会较之前舒缓很多。

策略重点：

首先，要允许孩子委屈。有情绪的孩子，内心往往是堵的状态，这时你往里面塞啥也塞不进去。

其次，陪在孩子身边，做好安抚。当情绪得到理解与舒缓后，再和孩子一起沟通怎么解决问题。

第二步：引导表达

孩子不会无缘无故感到委屈，一定是发生了什么事。在孩子情绪得到缓解和宣泄后，家长可以试着引导孩子把事情说出来。家长要弄清楚孩子为什么感到委屈，搞清楚孩子的内心需求。

告诉孩子有委屈一定要说出来，别憋坏了自己，鼓励其表达。当他们勇敢地说出来时，要及时给予鼓励。要知道，有些孩子有委屈并不一定会说出来，久而久之，就会变成习惯，什么都收在心里，不敢跟妈妈讲。

不要说：

"别哭了，这点小事不值得你这么难过。"

"你怎么会这么想呢？这有什么好委屈的？"

"我现在问你你不说，以后你就不要再找我说了。"

而是说：

"宝贝,妈妈看你好像有点不开心哦!和妈妈说说你怎么了,好吗?"

"谢谢你愿意跟妈妈说出你的委屈,我们一起来解决。"

"哇,你愿意说出自己的真实感受,非常勇敢哦。"

在这里,我们提供一个好用的方法,当孩子感到委屈时,家长可以引导孩子用"委屈的事件+我感到很委屈+请求"的方式来表达。

比如,当有人冤枉孩子偷拿了零食,孩子可以说:"你冤枉我了,我感到很委屈,请相信我没拿。"

比如,当老师给大家都发了小红花,但没有给孩子发,受到不公平对待的孩子可以跟老师说:"大家都得到了小红花,我也做完了作业,但是您没有给我,我感到很委屈,您能给我一朵小红花吗?"

比如,当有人未经同意拿走了孩子的玩偶,孩子可以说:"你没有得到我的允许就拿走了我的玩偶,我感到很委屈,请把我的玩偶还给我。"

策略重点:

首先,当孩子向你诉说委屈时,这本身就是件很值得表扬的事,所以一定要先夸赞他们敢于表达,并告诉他们:"说出来让爸爸妈妈知道,真棒!我们陪着你,咱们一起想办法解决。"

其次，孩子在说的时候，家长要耐心倾听。

最后，平常面对孩子时，家长要少批评和指责。孩子不敢说出来也许是因为担心受到家长的责备。当孩子愿意表达的时候，家长要坚定地和孩子站在同一战线，鼓励孩子，支持孩子，切记不要站在孩子对立面或者高高在上地去评判与教导，这会让孩子害怕、反感。

第三步：积极面对

家长可以大胆放手让孩子去处理属于自己的人生课题，同时也告诉孩子："爸爸妈妈在背后永远支持你。"让孩子能有足够的底气、自信、勇气和安全感去直面问题、解决问题。

比如，小明的玩具被别的小朋友抢了，他哭着跟妈妈说，他感到很委屈。

情况允许的话，妈妈可以试着让孩子勇敢地和对方好好沟通，努力让对方把东西还给自己。

妈妈要告诉孩子："未经你的允许，别人不可以随便拿走你的东西。如果有人这样做了，妈妈会坚定地和你在一起，一定会帮助你。我们要勇敢地通过合理的方式拿回属于自己的东西。"

当然，我们并不是提倡一定要抢回来，但通过这件事要教会孩子：当别人侵犯了自己的利益时，必须勇敢表达出来，并和对方好好沟通。如果通过沟通,对方很诚恳地为之前的行为道歉且答应会马上归还,那么妈妈也可以试着引导孩子作一些让步,比如大度地允许对方使用一小会儿,但不勉强孩子。

策略重点:

首先,切忌大人一上来就直接给出解决方案或者亲自替孩子解决问题。我们可以和孩子讨论解决的办法,辅助其解决。这是因为站在问题端直面问题的是孩子,而不是大人。家长应该引导孩子自己亲自解决问题,这样他本身也会有成就感。

其次,如果情况特殊或事态紧急,确实需要家长出面,那么就做好协调处理。需要注意的是,整个过程中,妈妈也只是处理事情的辅助角色,当局势稳定下来,就可以退居其后,尝试让孩子本人去解决。妈妈要相信孩子可以处理好。

作为家长,当孩子面临难题,肯定是心急且担心,但不要剥夺孩子的成长体验,如果凡事都由家长替孩子解决,那么孩子便得不到锻炼与成长。要知道,孩子会在每一次靠自身解决委屈事件的经历中,变得越来越强大。为了孩子将来能独当一面,作为家长,不妨现在放手让孩子自己去思考如何处理问题,我们只需给予坚定支持,做好托底即可。

第四步:一起复盘

当委屈情绪完全消除后,妈妈可以带着孩子跳脱出来看这次事件。告诉孩子,每一次委屈都是一次学习与成长,是了解自己、明白别人的机会,让孩子反思有哪些收获和成长。同时,我们还可以试着让孩子去思考:如果下一次遇到同类事件,该如何处理。

比如:小红跟妈妈讲,自己明明写了作业,但把作业落家了,她和老师说写了,并说可以打电话让爸爸妈妈帮自己送作业过来,老师却说不可以让家长帮忙写作业,得自己对作业负责,拿不出来就视为没有完成。当孩子和其他没写完作业的同学一起站着受批评时,感到很委屈。

妈妈安慰完孩子后,可以引导孩子复盘,可以做反思,让孩子从此次事件中明白要改掉丢三落四的坏习惯。下次出门前提前检查书包,看该带的东西是否已带齐,确保带齐所有需要的东西后再去学校。

◆ 小结

家长怎么帮助宝贝们面对心里的小委屈呢?

首先,学会共情,给他们一个温暖的拥抱,让他们知道,无论发生什么,妈妈都在这里。

其次,妈妈要鼓励宝贝们把心里的话说出来,告诉他们,说出来是勇敢的表现,无论如何,妈妈都会和他们一起面对问题,一起想办法解决。

接下来,要教会孩子积极面对问题,让他们知道,妈妈永远是他们坚强的后盾。可以引导孩子自己去解决问题,相信他们的能力,让他们在解决问题的过程中感受成就感,收获自信。

最后,等宝贝的委屈情绪平复后,可以和他一起复盘,让他从每一次的经历中学习和成长。告诉孩子每一次的委屈都是一次宝贵的成长机会,引导孩子通过反思总结,学会处理问题。

厌恶：厌学，每天只想玩手机

孩子心中的厌恶情绪，就像一片小小的乌云，遮挡了他们对美好事物的欣赏。这种情绪可能源于对某些事物的不喜欢或不适应。作为妈妈，我们需要做的是引导孩子正确认识并表达这种情绪，在厌恶情绪出现时，教会孩子用积极的态度去应对，努力调整好自己的心态。

◆ 案例分析

小华读初中了，最近他对学校的课程产生了强烈的厌恶感，每当要上学他就情绪低落，只想躲在房间里玩手机。

课堂上，小华也无法集中注意力，总是拿老师的讲解当耳边风。不等下课，他的思绪早已飘向手机游戏和社交媒体了。放学后，更是迫不及待地打开手机，沉浸在虚拟世界中，以此来逃避现实的学习压力。

小华的这种厌学情绪，很可能源于多方面的压力，比如学业上的挫败感、同学间的竞争压力，以及对未来不确定的担忧，都可能成为他逃避现实的诱因。

手机成为他逃避这些压力的"避风港"，因为在虚拟世界里，他可以暂时忘记现实中的不如意，获得即时的满足感。然而，这种逃避行为实际上会加剧他的焦虑。小华自己也知道，长期逃避学习只会带来更严重的后果，像成绩下滑、妈妈和老师的责备等，所以，每次放下手机，对未来的担忧和自责感就会交织在一起，让他感到更加焦虑不安，然后为了排遣内心的难受，又重新拿起手机……如此反复，就造成了恶性循环。

◆ 常见场景

除了厌学外，孩子还会在哪些场景下产生厌恶情绪呢？

○ 尝试新食物：当孩子面对一盘他们从未尝试过的食物时，陌生的味道可能会让他们皱起小鼻子。

○ 被迫整理房间：孩子房间乱七八糟，玩具和衣服到处都是，当你要求他们整理时，他们可能会因为不情愿而产生厌恶情绪。

○ 穿不喜欢的衣物：如果孩子穿了不喜欢的衣物，他们可能会因为害怕遭到小伙伴的嘲笑而厌恶。

○ 被迫与不喜欢的人交往：当孩子被要求与他们不喜欢或合不来的小朋友一起玩时，他们可能会感到不舒服和反感。

○ 重复做同样的事情：孩子每天重复做作业或练习，可能会因为缺乏新鲜感而感到厌恶。

○ 面对严厉的批评：当孩子因为犯错而受到过于严厉的批评，例如在学校被老师批评时，他们很可能会因为感到不被理解和心里难以接受而对这位老师产生厌恶情绪。

○ 被迫参与家庭活动：孩子并不想参加某个家庭聚会，但被要求必须出席。他们可能会因为感觉被强迫而产生厌恶情绪，尤其是当他们更愿意做其他事情时。

○ 被妈妈要求分享玩具：当孩子在妈妈的要求下，不得不分享他们心爱的玩具时，他们可能会非常厌恶那个玩着自己玩具的孩子。

○ 参加自己不喜欢的兴趣班：如果妈妈要求参加的兴趣班不是孩子喜欢的，尤其是孩子心中已经有心仪的兴趣班时，就可能表现出抵触情绪，厌恶上课。

◆ 沟通策略

厌恶情绪频发场景及沟通策略

场景	孩子感受	不当表达	正向沟通
厌学	烦躁、抵触、不喜欢	逼迫孩子："还不去学习，每天就知道玩。你看人家邻居小王，成绩总那么优秀。"	积极引导孩子："你不是喜欢机械吗？这一单元就是讲机械知识的，我们一起看下，也许你会有新发现。"
尝试新食物	感到犹豫、不信任	直接将食物端到孩子面前，忽视孩子的抗拒，强硬地对孩子说："你不吃就永远别吃，不准挑食。"	耐心展示食物，温和地引导孩子："宝贝，尝试新食物是一次冒险，我们可以一起探索它的味道。"
被迫整理房间	感到厌烦、抵触	责备并命令孩子立即整理，忽视孩子的不情愿，比如命令孩子："你的房间跟狗窝一样，立刻给我整理好。"	和孩子一起参与整理，鼓励并引导孩子："宝贝，整理房间可以让我们的居住环境更整洁温馨，我们一起来收拾吧！"
穿不喜欢的衣物	感到不自在、尴尬	坚持让孩子穿他们不喜欢的衣服，不考虑孩子的感受，强迫孩子："你闭嘴，今天必须穿这件衣服。"	尊重孩子的选择，与孩子协商，询问孩子："宝贝，如果不穿这件，你想穿哪一件？我们一起选一件你想穿的。"

续上表

场景	孩子感受	不当表达	正向沟通
被迫与不喜欢的人交往	感到不舒服、反感	无视孩子的不适，强迫其与不喜欢的人交往，比如对孩子说："你应该和××玩，她学习好。"	理解孩子的感受，不强迫孩子，教导孩子礼貌与他人交往。比如表示理解地对孩子说："宝贝，不喜欢的话就不要勉强自己，不是每个人都能成为我们的朋友的。"
重复做同样的事情	感到无聊、疲惫	对孩子的抱怨不予理会，甚至批评孩子："你每天都做也没看你做好，你有什么资格抱怨？"	寻找新方法增加乐趣，与孩子一起探索，比如对孩子说："宝贝，不断重复确实有点无聊，不如我们一起探索一些新玩法。"
面对严厉的批评	感到受伤、不被理解	对孩子进行二次批评，加深孩子的负面情绪，斥责孩子："你总是这样，难怪会被批评，活该。"	与孩子一起分析外界的批评，支持并鼓励孩子："宝贝，我们可以一起看看这件事中你是否真的有问题？如果有的话看如何改进一下。"
被迫参与家庭活动	感到不自在、被强迫	不考虑孩子的感受，坚决要求孩子参加："你必须参加这个聚会，没有商量的余地。"	了解孩子的意愿，与孩子商量并尊重其选择："宝贝，我知道你可能不太想去，那就在家吧！"

续上表

场景	孩子感受	不当表达	正向沟通
被妈妈要求分享玩具	感到不舍、不公	强制孩子分享:"你要学会分享,不要这么小气。"	温和地告诉孩子分享的价值,在孩子理解的基础上引导孩子:"你可以和别的小朋友互相交换喜欢的玩具,这样大家都玩到了新玩具,你看怎么样?"
参加自己不喜欢的兴趣班	感到抵触、不满	无视孩子的喜好,强迫孩子参加:"你必须去上这个兴趣班,我这都是为你好。"	与孩子一起探索兴趣,尊重孩子的选择。比如可以对孩子说:"宝贝,我们可以一起探索你真正感兴趣的活动,喜欢了才更容易做好,不是吗?"

◆育儿妙计

深挖背后原因

妈妈要耐心深挖孩子产生厌恶情绪背后的原因。孩子厌学可能有很多原因,比如是学习内容太枯燥,孩子觉得乏味?还是他在学校遇到了什么不开心的事儿,遭遇了小挫折?只有深入了解,才能找到问题的症结,然后对症下药,给孩子最贴心的帮助。

让学习变得妙趣横生

试着用一些创意满满的方法来激发孩子的学习兴趣。比如,把枯燥的知识点融入有趣的游戏中,或者带孩子去参加一些和学习内容相关的趣味活动,比如博物馆探险、科学展览之旅。这样,他们也许能在玩中感受到学习的无限乐趣,从而爱上学习。

温暖关怀,鼓励满满

时刻关注孩子的情绪变化,给他更多的温暖和支持。当他们遇到挫折或困难时,妈妈要耐心倾听,给予积极的鼓励和建议。让他们知道,无论遇到什么问题,都有妈妈在身边陪伴和支持,自己并不是孤单一个人。这样的关怀和鼓励,会让孩子更加自信,更有勇气面对学习的挑战。

化奖励为欢乐庆祝

时不时地给孩子制造一些小惊喜,比如在他们完成学习任务后,以庆祝的名义,让他们选择喜欢的玩具或者零食。这样,孩子会觉得学习是一件值得庆祝的事情,动力也会更足。特别值得注意的是,很多妈妈喜欢用奖励的方式来激励孩子,但这种方式容易造成孩子的"奖励期待"——为了奖励才去做某件事。

所以，建议化奖励为庆祝，让孩子感受到成就本身的喜悦。比如孩子考试有进步了，不说给他奖励，而是说："真棒，值得庆祝！妈妈想陪你一起去庆祝。你来选，咱们是去吃一顿还是买一个喜欢的玩具作为庆祝礼物？"这样的庆祝方式，会让孩子更加珍视自己的成绩，也更有动力去学习。

做学习的好榜样

妈妈要以身作则，成为孩子学习的好榜样。在空闲时间里，妈妈可以学点新知识或技能，让孩子看到并知道：学习是一辈子的事情，妈妈也在不断进步呢。这样的身教比言传更有力量，能激发孩子对学习的热情和动力。孩子看到妈妈对学习的热爱和追求，他也会更加积极地投入学习中去。

◆小结

本节了解了面对孩子的厌恶情绪，尤其是厌学情绪如何积极应对。我们可以深入了解孩子的内心世界，努力让学习变得有趣；可以通过关心和鼓励支持他们；也可以将奖励转化为庆祝的方式，激发孩子的内在动力。同时，作为妈妈，我们自己也要成为好榜样，不断体验学习的乐趣，用行动向孩子展示终身学习的重要性。

每个孩子都是独一无二的,他们的情感需求和学习方式也各不相同。妈妈应该做的是帮助孩子克服厌恶情绪,找回对世界的好奇和对学习的热情,为孩子创造一个充满爱、鼓励和学习乐趣的成长环境。

害怕或恐惧：在学校遭受到欺凌或威胁

害怕或恐惧并不总是坏事，它们是孩子认识世界的一种方式。当孩子面临未知或挑战时，害怕或恐惧情绪可能就在孩子心中悄然生根。作为父母，我们是孩子的向导，用理解和支持帮助孩子学会面对和克服这些情绪是我们的职责。家长应该通过科学引导和鼓励，帮助孩子化恐惧为勇气，从而让他们在成长的道路上更加自信和坚强。

◆ 案例分析

佳佳聪明善良，有一点口吃。转学后，新班级里有几个孩子经常嘲笑、模仿她，在她经过时还故意绊她。之后，他们越来越过分，甚至在回家路上推搡她，骂她。每天佳佳都默默忍受着内心的痛苦，她不敢告诉父母，害怕他们担心。

她试着改变自己的行为，尽量不去在意那些嘲笑和欺辱，但无论自己怎么做，那些负面的声音和行为都没有停止。渐渐地，佳佳开始表现出明显的情绪变化，她变得沉默寡言，回家后总是躲在房间里，不愿意与家人交流。有时，她甚至会因为一点小事就突然发脾气，显得异常敏感和焦虑。

从心理层面分析，佳佳之所以会感到如此恐惧与焦虑，是因为她正处于一个无力应对外界威胁的境地。对于孩子来说，学校是一个重要的社交场所，而在这个环境中遭受欺凌，无疑是对他们安全感和自尊心的巨大打击。佳佳可能因为口吃本就有些自卑，再加上被欺凌的经历，她的无助感和恐惧感被进一步放大。她孤立无援，不知道如何保护自己。

佳佳的行为表现，如沉默寡言、躲避家人、易发脾气，实际上是她内心恐惧和不安的外在体现。她可能试图通过这种方式掩饰自己的脆弱，或者是在寻求一种情绪的宣泄途径。这种长期的情绪压抑和焦虑状态，如果得不到及时的关注和疏导，可能会对佳佳的心理健康造成更深远的影响。

◆ 常见场景

除了校园欺凌外，孩子还可能在哪些场景下产生害怕或恐惧情绪呢？

○ 面对陌生人/陌生环境：孩子在一个公共场合遇到了陌

生人,他们试图与孩子交谈或接触,孩子会因为对陌生人的害怕而变得紧张。

○ 黑夜里独处:孩子在夜晚单独睡一个房间,周围一片寂静和黑暗,这可能会让他们感到不安和恐惧。

○ 观看恐怖内容:孩子在观看电视或电影时,看到恐怖画面,从而对当中的情节或形象产生恐惧,晚上难以入睡,甚至害怕独处。

○ 面对公众演讲:孩子被要求在课堂上进行演讲或表演,但因为害怕在众人面前出错或被嘲笑而感到紧张害怕。

○ 看医生或打针:面对医生的检查或需要接种疫苗时,孩子可能会因为害怕疼痛或未知的医疗操作而感到恐惧。

○ 接触可怕的动物:孩子在遇到大型犬类或外观可怕的昆虫时,可能会因为它们的体型或未知的行为而感到恐惧和不安。

○ 面对自然现象或灾害:地震、暴风雨、雷鸣等自然灾害或极端天气,可能会让孩子感受到自然界的强大力量,从而产生恐惧。

◆ 沟通策略

害怕或恐惧情绪频发场景及沟通策略

场景	孩子感受	不当表达	正向沟通
遭遇欺凌或威胁	感到害怕、不安全	忽视孩子的恐惧和不安,不理解地说:"为什么他们不欺负别人就欺负你?!"	认真倾听孩子的担忧,坚定地维护孩子:"妈妈会保护你,我们一起想办法解决问题。"
面对陌生人/陌生环境	感到紧张、不安	强迫孩子与陌生人互动,对孩子说:"你怎么回事,这么害羞能成什么事?"	正确引导孩子:"如果对方可疑,我们就要远离他。"
黑夜里独处	感到不安、害怕	让孩子独自面对黑暗,强硬地对孩子说:"自己待着!你都这么大了,还怕什么怕。"	陪伴孩子直到他们感到安全,比如温柔地对孩子说:"宝贝,妈妈会陪着你,直到你睡着了。"
观看恐怖内容	感到恐惧、焦虑	忽视孩子的反应,对孩子说:"看过就过了,这没什么好怕的,不要自己吓自己。"	理解孩子的恐惧,暖心回应:"如果这个让你害怕,那我们换个你喜欢的节目看,好吗?"

续上表

场景	孩子感受	不当表达	正向沟通
面对公众演讲	感到紧张、害怕失败	强迫孩子上台,命令孩子:"你赶紧的,今天说什么也必须上。"	鼓励孩子提前准备,并陪伴孩子参加,对孩子说:"妈妈陪着你,我就在下面,你一定能做得很好的。"
看医生或打针	害怕疼痛	忽视孩子的感受,随意地对孩子说:"好了好了,不要喊了,很快就好了。"	客观真实地解释过程,鼓励孩子:"可能会有一点儿疼,但妈妈会一直握着你的手,陪着你。打了针,你身体里的小卫士才会更强壮,他们才能把病毒彻底击退。"
接触可怕的动物	感到恐惧、不安	对孩子的害怕心理不理解,指着小昆虫说:"它们又不咬人,有什么好怕的?"	在安全范围内让孩子自己决定是否接近,比如询问孩子:"我们可以远远地观察它们,你愿意吗?"
面对自然现象或灾害	感到害怕、无助	忽视孩子的恐惧,对孩子说:"打雷有什么好怕的?"	理解孩子的恐惧心理,安慰孩子:"打雷是很正常的自然现象,我们一起来查资料学习一下这种现象是如何产生的,看看如何在这种情况下保护自己。"

◆ 育儿妙计

当孩子产生恐惧情绪时,妈妈可以这样做。

捕捉"恐惧信号",倾听"悄悄话"

妈妈可以变成"细心侦探",捕捉孩子的每一个小变化。如果孩子突然变得像"小黏糕",总是黏着妈妈,或者晚上像"小夜猫子"一样睡不安稳,辗转反侧,那可能就是恐惧情绪在搞鬼了。这时,妈妈可以温柔地问孩子:"宝贝,是不是有什么'小怪兽'让你感到害怕了?"耐心听完孩子的想法后,不要忘记给孩子一个大大的"爱的抱抱",让他知道妈妈永远都在,家人永远都是他最坚实的后盾。

巧用创意,打败恐惧小怪兽

妈妈可以化身为"创意师",用轻松的语调帮助孩子赶走恐惧小怪兽。比如,孩子害怕黑暗,那就跟他一起在房间布置"星光大道",让房间变成"梦幻星球"。或者,孩子害怕某个声音,就陪着孩子一起找出那个声音的"真面目",并且告诉孩子:"看,这就是那个声音的'小把戏',现在咱们不怕啦!"通过创意和想象,让孩子以更积极的心态去面对那些让他害怕的事物。

化身鼓励大师,给予"能量小药丸"

妈妈可以变成鼓励大师,多给予孩子"能量小药丸",告诉孩子:"妈妈知道你很勇敢,就算害怕你也要努力去面对,妈妈相信你,也为你感到骄傲,我会一直陪着你去面对。"通过鼓励和支持,给予孩子力量和勇气,让孩子更有信心去挑战那些令自己害怕的事情。

制订"勇气小计划",共同成长

妈妈可以和孩子一起制订"勇气小计划",设立一些具体的、可达成的小目标。比如每月尝试一个小挑战。每当孩子完成一个小目标,就一起开"庆功会",庆祝孩子的勇气和成长,让孩子感受到成长的"甜蜜果实",也让他明白努力的过程比结果更重要。

在执行"勇气小计划"的过程中,妈妈要继续倾听和理解孩子的感受和想法,不要急于打断或给出解决方案,而要让孩子感受到自己被接纳和支持,进而自己主动去解决问题。通过拥抱、安慰的话语或陪伴给孩子提供安全感,让他知道无论遇到什么问题,妈妈都会在他身边支持他、帮助他。

除了执行"勇气小计划",妈妈还可以鼓励孩子参与一些能够增强自信心的活动,如体育运动、艺术创作或社交活动。在这些活动中,教给孩子一些应对负面情绪和困难的方法,如深呼吸、积极思考或寻求帮助,在此基础上让他学会如何更好地面对恐惧和挑战。

◎ **案例解忧**

像佳佳那样遭遇校园霸凌时,妈妈需要采取一系列积极而有效的措施来保护孩子的权益,以帮助孩子走出困境。以下是一些具体的建议:

①培养冷静与理智的心态

妈妈自己要冷静和理智,避免情绪化反应,既要理解孩子所经历的痛苦,同时也要以平和的心态去处理问题,这才有助于更好地支持孩子。

②与孩子沟通

◎ 倾听孩子的感受:耐心倾听孩子的描述,了解霸凌的具体情况,包括时间、地点、涉及的人员以及具体的行为。

◎ 表达支持与关心:让孩子知道家人是自己最坚实的后盾,会全力支持自己。

◎ 安抚情绪:给予孩子足够的安慰和陪伴,帮助他们稳定情绪,减轻心理压力。

案例中,妈妈可以这样对佳佳说:

"宝贝,妈妈最近注意到你似乎有些不开心,是不是在学校遇到了什么困难？你知道吗，无论发生什么，你要勇敢地告诉老师和爸爸妈妈，这样我们才能更好地保护你，帮助你解决问题。不要害怕，我们会一直陪在你身边。无论别人怎么说，你都是妈妈心中最珍贵的宝贝。你的价值不是由别人的言语定义的，而是由你自己的内心和行动决定的。妈妈相信你，也为你感到骄傲。妈妈爱你，永远都会支持你、保护你。我们一起加油！"

③收集证据

及时收集与霸凌事件相关的证据，如人证、物证、聊天记录、视频等。这些证据在后续处理过程中可能起到关键作用。

④与学校联系

将霸凌事件告知孩子的班主任、辅导员或校领导，要求学校立即采取措施制止霸凌行为。

询问学校对于霸凌事件的规章制度和处理方式，确保学校能够采取适当的措施。与学校共同商讨解决方案，确保孩子的安全和权益得到保障。

⑤与霸凌者及其家长沟通

如果情况允许，可以尝试与霸凌者及其家长进行沟通，要求对方停止霸凌行为，并加强对孩子的教育管理。可以以法律武器向对方提出警告。

⑥寻求专业机构帮助

如果霸凌行为已经构成违法或犯罪,妈妈应立即向公安机关报案,要求公安机关介入调查处理,对施暴者依法追究法律责任。在必要时,妈妈可以寻求律师的帮助,通过法律途径维护孩子的权益。律师可以协助妈妈收集证据,起诉霸凌者及其监护人,并争取获得相应的赔偿。

⑦密切关注孩子的心理健康

得知霸凌事件后,要时时关注孩子的心理健康状况,必要时寻求专业心理咨询师的帮助,通过心理疏导帮助孩子走出阴影,恢复自信。除此之外,还要持续关注孩子在学校的表现和情感变化,确保他们不再受到霸凌的侵害。

⑧加强家庭教育和引导

告诉孩子如何识别和应对校园霸凌,提高自我保护意识和能力。引导孩子正确处理人际关系,学会与人友好相处,减少被霸凌的风险。

◆小结

在这一小节中深入探讨了妈妈如何面对孩子的害怕或恐惧情绪。

通过捕捉孩子害怕或恐惧的信号并耐心倾听,妈妈能够更好地理解孩子的内心世界；利用创意和想象力，妈妈可以帮助孩子以积极的方式应对害怕或恐惧，比如将其转化为有趣的探索和挑战；化身鼓励大师，不断给予孩子正面能量和肯定，这是增强孩子勇气和自信心的关键；最后，通过制订"勇气小计划"，妈妈可以陪伴孩子一步步克服困难，与孩子共同成长，让孩子在每一次的小胜利中品尝到成长的甜蜜果实。这样的过程不仅帮助孩子战胜了害怕或恐惧心理，更增进了亲子间的深厚情感。

嫉妒：好朋友得到一个新玩具，自己却没有

嫉妒是孩子成长路上常见的一头情绪小怪兽，它悄悄地在孩子心里播下比较和不满的种子。作为妈妈，要用爱和智慧帮助孩子理解并克服这种情绪，让他学会欣赏和感恩。

◆ 案例分析

欣欣是一个活泼可爱的小女孩，最近她的好朋友小雅得到了一个崭新的玩具熊，那个玩具熊有着柔软的毛发和明亮的大眼睛，看起来非常可爱。每当看到小雅抱着那个玩具熊玩耍时，欣欣心里就涌起一股说不出的滋味。她开始觉得自己的玩具都变得无趣了，甚至不愿意再和它们玩。

欣欣的这种情绪其实是典型的嫉妒心理。在儿童心理学中，嫉妒通常源于自己与他人比较时产生的不满足感。当看到别人拥有自己没有的东西，尤其是当这个东西看起来很吸引人

时，孩子可能会感到难受和不安。他们可能会担心自己不如别人，或者觉得被忽视了。欣欣看到小雅的玩具熊后，她内心的这种比较机制就开始运作，当她意识到自己没有这样的玩具时，便不由得产生了嫉妒情绪。

嫉妒情绪让欣欣感到焦虑，她开始担心自己是不是不再受重视，或者是不是不够好。这种情绪进一步影响了她的行为，她变得不愿意和小雅一起玩，甚至开始避免和小雅接触。在家里，欣欣也变得易怒和烦躁，总会因为一些小事情就发脾气。如果这种情绪得不到及时的疏导，可能会对欣欣的心理健康和社交关系产生不良影响。

◆常见场景

除了案例中的情况，孩子还会在哪些场景下产生嫉妒情绪呢？

○ 兄弟姐妹获得奖励：当孩子看到自己的兄弟姐妹在学业、体育或艺术上取得显著成就并受到表扬时，可能会产生嫉妒情绪。

○ 不如他人受欢迎：在学校，如果孩子注意到自己不如其他同学受欢迎或有更多朋友，可能会产生嫉妒情绪。

○ 妈妈关注家里其他孩子：当妈妈在孩子面前给予别的孩

子更多关注或赞扬时,孩子可能会感到被忽视,从而产生嫉妒情绪。

○ 身边人在社交媒体上的展示:在社交媒体上,孩子可能会因为看到身边朋友展示出完美生活或好的成绩而产生嫉妒情绪。

○ 没有获得才艺表演的机会:在才艺表演或学校活动中,如果孩子没有得到展示自己才艺的机会,而看到其他孩子在舞台上受到称赞,可能会产生嫉妒情绪。

○ 出现特殊待遇:如果孩子看到其他家庭成员或自己的朋友得到了特殊待遇或特权,而自己没有,可能会感到不公平和嫉妒。

◆沟通策略

嫉妒情绪频发场景及沟通策略

场景	孩子感受	不当表达	正向沟通
朋友拥有新玩具	羡慕不已,渴望拥有	强硬告诉孩子:"那个玩具不适合你,别老想着要。"	接纳孩子的情绪,与孩子一起讨论此时的感受,共同制订计划如何获得。比如安慰孩子:"我理解你很想要那个玩具,我们可以一起制订一个计划,比如通过做家务来换取,或者存零花钱来买。"

续上表

场景	孩子感受	不当表达	正向沟通
兄弟姐妹获得奖励	感到被忽视，心生不满	忽视孩子的感受，只关注结果，对孩子说："你看哥哥多棒，你也应该像他一样。"	认可孩子的感受，解释奖励的原因，鼓励孩子也需要努力："我看到了你的努力，每个人发光的时间都不一样，我相信你也会有属于自己辉煌的时刻。"
不如他人受欢迎	内心自卑，感到自己不如他人	习惯性地拿孩子和受欢迎的同学做比较，随意地对孩子说："为什么大家只讨厌你不讨厌他？你就不能像他那样受人欢迎吗？"	强调孩子的独特性，鼓励孩子发展自己的社交技能："每个人都有自己的闪光点，你也有很多朋友欣赏的地方，让我们一起找找自己的独特之处。"
妈妈关注家里其他孩子	感到焦虑和沮丧，感到被忽视	总关注其他孩子的表现，总对孩子说："你已经长大了，弟弟妹妹还小，需要更多的照顾。"	平衡对所有孩子的关注，确保每个孩子都感到被重视："你们都是我最珍爱的宝贝，我努力确保你们每个人都感受到我的爱和关注。"
身边人在社交媒体上的展示	觉得自己的生活不如别人，相形见绌	简单粗暴打断孩子的表达，忽视孩子的担忧："你看到的好都是表面，都是别人想让你看到的。"	讨论社交媒体的影响，告诉孩子真实生活与网络展示的区别，比如对孩子说："社交媒体有时会让我们感到不满足，但现实生活中我们拥有的才是真正宝贵的。"

续上表

场景	孩子感受	不当表达	正向沟通
没有获得才艺表演的机会	感到胆怯和失落,不敢表达自己的愿望	忽视孩子的失落感,埋怨孩子:"你怎么不自己去争取?"	鼓励孩子参与,提供支持和帮助。条件允许的情况下,向老师了解参与的规则,让孩子能更有针对性地练习。比如对孩子说:"我看到你很想参加,我们可以一起练习,然后你勇敢地向老师表达自己的愿望,好吗?"
出现特殊待遇	感到困惑和不满,不明白为何受到不同对待	给予其他孩子特殊待遇,并随意解释:"他今天表现得很好,所以有奖励。"	解释特殊待遇的原因,确保公平对待所有孩子,照顾所有孩子的情绪:"每个行为都有相应的结果,无论是奖励还是需要改进的地方,我们都应该公平对待。"

◆ 育儿妙计

当孩子产生嫉妒情绪时,妈妈可以这样做。

识别信号

孩子嫉妒情绪的常见表现多种多样,妈妈可以通过以下这些信号来识别孩子的嫉妒情绪。

①负面言论:孩子可能会对他人发表负面或嫉妒的言论,用以贬低他人或其成就。比如"他有什么了不起的,我也能做得到",这时候,我们就知道他们心里可能有点小嫉妒了。

②情绪波动:孩子因为得知朋友拥有新玩具而突然变得不高兴,或者在听到别的孩子被表扬时突然情绪低落,这可能就是内心嫉妒的小种子在发芽了。

还有些孩子可能会在某些触发点上突然情绪爆发。比如,小杰的妈妈表扬哥哥,说哥哥完成了一幅特别难的拼图。小杰突然站起来,大声说:"那有什么了不起的,我也能完成!"接着他就把哥哥的拼图推倒了。小杰的这种行为就是嫉妒情绪的典型表现。

③行为变化:嫉妒可能导致孩子的行为发生变化,比如变得更加黏人、好争辩或具有攻击性。还有些孩子可能会拒绝参与某些活动,特别是那些他们认为会让自己处于不利地位的活动。

④身体语言:孩子可能会通过身体语言表现出嫉妒情绪,如交叉双臂、避免眼神接触或显得紧张。还有的孩子可能会试图模仿或超越他们嫉妒的对象,以证明自己同样优秀。

⑤展现过度关注:孩子可能会过度关注他人的行为和成就,而不是专注于自己的事务。比如小红总是问"小美今天又穿了

什么新衣服",这说明她在关注自己与别人的不同。

⑥社交退缩:孩子突然变得不太愿意参加集体活动,或者在朋友聚会上显得有些孤单,这可能是因为他们心里有些小小的不安。嫉妒会导致孩子在社交场合中退缩,避免与他人互动。

⑦频繁比较与求关注:当孩子开始频繁地说"为什么我没有……""他凭什么……"或者总是试图引起妈妈的注意,比如小强总是问"妈妈,你看我做得好吗",这些都可能是他们寻求认可和关注的信号。

接纳并给足安全感

找个合适的时间,比如讲睡前故事的时候,或者一起做烘焙的时候,可以随意地问问孩子:"宝贝,最近有没有什么让你心里不舒服的事情呀?"

这时候,妈妈要做的是耐心听,让孩子知道,无论他们说什么,妈妈都会认真听,不会急着批评或者给意见。然后,给孩子一个大大的拥抱,告诉他们:"不管你现在感觉怎么样,妈妈都爱你,都在这里陪着你。"这句话,是让孩子感到安心,也是让他们知道,无论发生什么事情,背后都有家人支持,自己都是有底气面对的。

接下来，要引导孩子把心里的小情绪说出来。

尽可能地引导孩子说出原因，这样，他们慢慢就会用话语来表达情绪，而不是憋在心里或者用别的方式表现出来。妈妈也能结合原因有的放矢地去处理、解决问题。

"快乐不让位"原则

有一个乞丐，他很饿，有个好心人给了他一个鸡腿。乞丐很开心，狼吞虎咽地吃了起来，而且觉得很美味。但是紧接着，他看到另一个乞丐手里有两个鸡腿，他立马不开心了，手上还没吃完的鸡腿也瞬间不香了。

告诉孩子，在长长的人生道路上，要学会使用"'快乐不让位'原则"。

自己本来很开心，但当看到别人比自己更好时就觉得不开心，这是多么消极狭隘的想法呀！为什么要把快乐建立在和别人的比较上呢？看到别人比自己不好才快乐，看到别人比自己好就不快乐，这完全是把快乐拱手让了出去，并让别人决定自己的心情。

心情，本可以自己掌握。

戴上"欣赏眼镜"

想象自己有一副眼镜，戴上它，就只看到欣赏的人和事。

把目光投向对方,如果是以欣赏的心态,会自动向对方学习他身上的优点。如果见不得别人比自己好,那自己也很难变得更好。

《论语》里说:"见贤思齐焉,见不贤而内自省也。"化嫉妒为欣赏,把对方当成学习的榜样正面欣赏,激励自己,同时,也要把欣赏的目光投向自己。妈妈可以多多强调孩子的优点和成就,给予正面反馈,帮助孩子建立自信。

比如可以说:"宝贝,你也有好多优点呀!你会帮助妈妈干活,是个懂事的小男子汉。"或者说:"你乐于和别的小朋友分享自己的玩具,你很大方友好。来,你也说说自己有哪些优点吧,至少列举出三个哦。在妈妈心里,你可是有很多很多优点的小家伙!"

◆ 小结

本节聊了孩子的嫉妒情绪。

首先,怎么发现孩子心里那些小小的嫉妒情绪呢?当孩子的嘴巴开始吐出带刺的话,或者情绪像小波浪一样起伏,那可能就是他们心里的嫉妒小种子在悄悄发芽了。

其次,妈妈要给孩子满满的安全感,让他们知道,无论何时何地,妈妈的爱永远是他们最坚强的后盾。一个温暖的拥抱,一句贴心的问候,都能让他们感到被理解和被接纳。

最后,教会孩子戴上那副神奇的"欣赏眼镜",学会欣赏别人,也欣赏自己。这样,他们就能把嫉妒转化为成长的动力,让自己的心灵花园开出更多美丽的花朵。

尴尬：举手答题，答错被同学哄笑

面对尴尬，孩子可能会感到局促不安，但它同样是成长的一部分。作为妈妈，有责任帮助孩子学会如何优雅地处理这些瞬间。通过耐心的引导和正面的榜样让孩子明白，每个人都会经历尴尬的时刻，关键在于如何以积极的态度面对它们。

◆ 案例分析

东东是一个内向的男孩，很喜欢看书。有一次，在语文课上，老师提出了一个关于古典诗词的难题，鼓励大家举手回答。东东虽然心里有些忐忑，但他觉得自己之前看过这本书，应该能答对，于是鼓起勇气举起了手。然而，当他满怀信心地给出答案后，老师却说答案是错误的，更让他难受的是，教室里竟然响起了一片哄笑声。

东东的脸颊瞬间变得通红,他紧咬着嘴唇,双手紧握成拳,仿佛想把自己藏起来。接下来的几分钟里,东东再也没有抬头,即使老师试图安抚并鼓励他,他也只是默默地坐着,心里充满了尴尬和挫败感。回到家,他依然郁郁寡欢。妈妈给老师打了电话,才知道他今天在学校里的经历。

东东原本希望通过积极举手回答问题来获得认可和肯定,这是寻求自我价值感的一种表现。然而,答错后的哄笑成了一种负面的社会评价,这种突如其来的负面反馈与他的期望形成了巨大反差,从而触发了他强烈的尴尬情绪。

尴尬是一种复杂的情绪体验,它包含了自我意识的窘迫、对他人评价的担忧以及对自己行为的不满。对于东东而言,这种情绪尤为强烈,因为他本身就比较内向,对社交场合的敏感度更高,更在意他人的看法。答错后的哄笑不仅让他感到羞愧,还加剧了他对于再次尝试或在未来课堂上表现不佳的恐惧,这种恐惧进一步转化为逃避行为,即低头不语,试图减少自己的存在感,以避免更多的负面关注。这种心理机制是保护性的,但也可能导致东东在未来的学习和生活中更加退缩,进而影响他的自信心和社交能力的发展。

◆ 常见场景

除了上面场景,孩子还可能在哪些场景下产生尴尬情绪呢?

○ 口误:在课堂上或其他公开场合,孩子因为紧张或分心而说错了话,引起了他人的注意,孩子因此感到尴尬。

○ 穿错衣服:孩子不小心穿反了衣服或穿了与场合不相符的服装,被同伴或老师指出后,感到十分尴尬。

○ 忘记台词:在学校的表演或演讲中,孩子突然忘记了台词,面对观众的注视站在台上尴尬地沉默着。

○ 在朋友面前出糗:当孩子在朋友面前不小心说了不该说的话或做了尴尬的举动,他们可能会感到不好意思。

○ 在公共场合被纠错:孩子在公共场合说话或行为不当时,被妈妈当众纠正,可能会让他们感到尴尬和羞愧,觉得自己在众人面前丢了面子。

○ 与陌生人尴尬交流:孩子跟随父母去拜访友人,新环境让孩子感到不适和尴尬,孩子不知道要跟陌生的叔叔阿姨说些什么。

◆ 沟通策略

尴尬情绪频发场景及沟通策略

场景	孩子感受	不当表达	正向沟通
在课堂上回答不出问题	感到窘迫，产生自我怀疑，怕自己成为他人笑柄	忽视孩子的感受，开口批评："你真笨！怎么连这么简单的问题都不会？"	给予鼓励和支持："宝贝，每个人都会遇到难题，没关系。"
口误	感到惭愧、不自在，在意他人的负面评价	忽视孩子的感受，埋怨孩子："你这嘴怎么总这么笨？"	理解孩子并正向引导："口误很常见，这次出错，是提醒我们下次更好。"
穿错衣服	感到尴尬，担心遭到嘲笑	指责孩子的疏忽："你怎么穿成这样？太丢人了。"	接纳和宽容孩子，安慰孩子："穿错衣服并没有什么大不了的，我们下次注意就好了。"
忘记台词	感到焦虑、失望，害怕影响整体表现	指责孩子准备不足："你怎么这么不认真？台词都记不住。"	理解并耐心安慰孩子："每个人都不可能完美，咱们下次再多练习练习。"

续上表

场景	孩子感受	不当表达	正向沟通
在朋友面前出糗	感到羞耻、不安,担心友谊受损	贬低孩子的行为,责备孩子:"你总是这么丢人现眼。"	鼓励孩子正视并积极解决问题:"每个人都会出现尴尬的时候,你的朋友也会理解你的。"
在公共场合被纠错	自尊心受损,担心形象	在众人面前斥责孩子:"你看看你,像什么样子,那么多人都看着你呢!"	私下引导孩子,给予孩子尊重和改进的建议:"今天的举动不太适合公共场合,妈妈想跟你讨论一下如何改进,好吗?"
与陌生人尴尬交流	感到拘谨、不自在,紧张于社交互动	强迫孩子立即适应:"你怎么半天不说话?这么没礼貌!"	给予时间和空间,鼓励孩子逐步开放:"和新朋友交流确实需要一点时间来适应,我们可以慢慢来。"

◆ 育儿妙计

孩子产生尴尬情绪时,妈妈可以这样做。

"厚脸皮"机制

孩子在不慎造成尴尬时,比如游戏中说话太直接伤了朋友,就可以迅速启动"厚脸皮"机制,放下自尊,用诚恳的态度道歉并尝试弥补。这里的"厚脸皮"并不是鼓励孩子故意伤害或捉弄别人,而是指无意中造成尴尬时,能够放下自己的心理负担,直面问题并寻求解决之道。

学会自嘲

自嘲是一种非常有效的缓解尴尬局面的方法。它可以带来更多的欢乐,让周围的人感到放松。例如,孩子在路上不小心摔了一跤,他可以哈哈大笑,并开玩笑地说:"大地太爱我了,非要跟我来个拥抱和亲吻。"这样,不仅能够缓解自己的尴尬,还能展现出幽默感,赢得朋友们的赞赏。

遗忘的力量

当孩子在公共场合做了一件尴尬的事情,他可能担心别人会记住这件事。这时,我们可以告诉孩子,其实是我们太关注自己了。实际生活中,人们很少会长时间关注别人的小失误。当我们不小心做了一件尴尬的事情时,即便吸引了别人的目光,也只是暂时的,人们很快就会忘记这件事,所以告诉孩子,不必一直处于尴尬和不好意思的状态。

"路人甲"心态

如果孩子在公共场合认错了人,或者在陌生人面前出了糗,我们可以告诉他,你的生活你是主角,别人都只是路人。当发生尴尬事情时,我们可以试着把对方当成路人甲。尤其是那些陌生人,也许你们以后都可能见不到了。对于熟人,也可以把他们当作人生中的过客,这样更能减轻尴尬感。

分享幽默,化解尴尬

我们可以向孩子分享自己童年用幽默化解尴尬的经历,引导孩子利用幽默来化解尴尬。比如在美术课上不小心把颜料弄到衣服上时,我们可以说:"这下我的衣服绚丽多彩了!"这些幽默的回应能够让周围的人哈哈大笑,也能教会孩子如何用幽默来化解尴尬。

◆ 小结

尴尬是生活中不可避免的一部分,但通过正确的引导和支持,可以教会孩子如何优雅地应对这些情境。

通过本节的探讨,了解到面对孩子的尴尬时刻,关键在于教会他们如何以积极的心态去应对。鼓励孩子用"厚脸皮"机制勇敢面对失误,以自嘲展现幽默,以"路人甲"心态减轻心理压力。

同时,也可以告诉孩子,人们其实很快就会忘记小插曲,并引导孩子利用幽默轻松化解尴尬。

通过以上方法,孩子不仅能够轻松应对尴尬,还能从中收获成长。

恼怒：玩着游戏，被迫中断

恼怒情绪，是一场内心的小风暴，会让孩子的心情变得汹涌澎湃。它通常在孩子遭遇挫折、不公或是需求未被满足时涌现。在孩子成长的轨迹上，恼怒是一种信号，提示我们要关注和理解他们的内心世界。

恼怒并不可怕，通过一系列方法，是可以掀开面纱，探索它如何影响孩子的行为和心理的。同时，通过耐心陪伴与引导，妈妈可以帮助孩子平息风暴，找回内心的宁静和平衡。

◆案例分析

大庆是一个热爱游戏的男孩。某天他正沉浸在自己最喜欢的游戏中，兴致勃勃地探索着新地图。突然，妈妈走进来，告诉他必须立刻停止游戏，因为等会儿要去奶奶家吃饭，所以现在就得开始做家庭作业。

被迫中断游戏的大庆脸上瞬间写满了不满和恼怒，他紧皱着眉头，嘴里小声抱怨着。他试图与妈妈协商，希望能再玩一会儿，等从奶奶家回来后再写作业，但遭到了妈妈的拒绝。大庆的情绪更加低落了，他重重地叹了口气，用力按下游戏机的关机键，闷闷不乐地离开座位，走向了书桌。

大庆的恼怒情绪，主要源于游戏被迫中断所带来的控制感丧失和即时满足感中断。

在游戏中，大庆处于主导地位，可以自由探索和挑战，这种自主性和即时反馈机制给予了他极大的满足感和成就感。然而，妈妈的介入打破了这种状态，使得他不得不放弃当前的乐趣，而去面对自己认为相对枯燥的家庭作业——突如其来的变化让他感到自己的自由和选择被剥夺，从而引发了恼怒情绪。

同时，游戏中断也意味着大庆必须调整心态，从高度集中和兴奋的游戏状态转移到需要耐心和专注的学习状态，这种心理状态的快速切换对他来说是一种挑战，增加了他的焦虑感。大庆的行为表现，如皱眉、抱怨和沉重的步伐，都是他内心不满和愤怒的外在体现。

◆ 常见场景

除了案例中的场景外，孩子还可能在哪些场景下产生恼怒情绪呢?

○ 等待时间过长:在游乐场或餐厅,如果等待时间超过孩子的耐心,他们可能会变得焦躁和恼怒。

○ 个人空间被侵犯:如果孩子的私人物品在未经允许的情况下被随意挪动或使用,他们可能会因为感到个人界限被侵犯而恼怒。

○ 意见被无视:当孩子提出的意见或感受被妈妈或老师无视时,他们可能会感到被轻视,从而产生恼怒情绪。

○ 被迫做不喜欢的事:孩子被强迫参与他们不感兴趣或不喜欢的活动时,可能会感到恼怒和抵触。

○ 与朋友发生争执:在与朋友相处过程中,意见不合或相互争执可能会导致孩子感到恼怒。

○ 学习上的挫败:孩子在学习新技能或新知识时遇到困难,尤其是经过多次尝试仍无法掌握时,可能会感到恼怒。

○ 执行家庭规则时前后不一:孩子可能会因为妈妈在执行家庭规则时不一致而感到恼怒,例如,有时允许晚睡,有时又突然要求早睡。

◆ 沟通策略

场景	孩子感受	不当表达	正向沟通
被迫中断游戏	感到沮丧和愤怒	丝毫不尊重孩子，突然关掉游戏机，对孩子说："现在就去做作业。"	温和提醒："游戏时间结束了哦，该完成作业了，对不对？"
等待时间过长	变得焦躁和恼怒	忽视孩子的不耐烦："你等不了就回家去，以后再也不带你出来了。"	同理孩子的感受："我知道长时间等待很难熬，再坚持一下，很快就到我们啦！"
个人空间被侵犯	因为感到被侵犯而恼怒	未经允许进入孩子房间，并理直气壮地对孩子说："你的房间有什么见不得人的？我今天就要检查一下。"	尊重孩子的隐私，用商量的口吻对孩子说："我可以进来吗？我想，我们需要谈谈××问题。"
意见被无视	因感到被轻视而恼怒	只顾自己的事，不肯倾听并忽略孩子的想法，比如要求孩子："闭嘴，你一个小孩子懂什么?!"	认真听取孩子的意见并给予肯定："宝贝，你的想法很有见地，我们可以一起来讨论一下。"

续上表

场景	孩子感受	不当表达	正向沟通
被迫做自己不喜欢的事	感到恼怒和抵触	强迫孩子参加活动："你必须去！"	为孩子提供更多选择，告诉孩子："你可以参加这项活动，也可以选择其他活动，或者就待在家里。"
与朋友发生争执	感到恼怒和受伤	不问缘由地责怪孩子："肯定又是你的问题，你总是给我惹麻烦。"	引导孩子分析问题："我们可以谈谈发生了什么，一起来找下解决办法。"
学习上的挫败	感到恼怒和沮丧	直接批评孩子："你能不能在学习上用点心？怎么总是做不好！"	耐心鼓励孩子："失败是成功之母，我们一起来看看哪里可以改进。"
执行家庭规则时前后不一	感到恼怒和困惑	随意改变规则并敷衍道："这次不一样。"	前后一致地执行规则："我们之前定好的规则，一定要遵守。"

◆ 育儿妙计

当孩子产生恼怒情绪时，妈妈可以这样做。

理解恼怒

恼怒是人人都会有的一种情绪，它是人性的一部分，不应被忽视或压抑。特别是对于孩子来说,如果他们的恼怒情绪长时间被压抑,可能会对他们的身心发展产生不良影响。孩子恼怒,往往是因为他们的需求没有得到满足,或者他们的界限被侵犯了,他们试图通过发怒这种方式来达到自己的目的。面对孩子的恼怒,我们不应该以暴制暴,而应该学会接纳和理解。要知道,如果孩子的界限被侵犯了却不懂得表达恼怒情绪,那才是真正的问题。

当孩子恼怒时,我们可以陪在他们身边,温柔地告诉他们:"不管怎样,妈妈都会陪着你。你可以恼怒,妈妈不会因此不喜欢你。但别一直发火,那样对身体不好。"这样的陪伴和理解,可以帮助孩子更好地处理情绪。

所以,当孩子愤怒时,大人别急,这是了解孩子内心的好机会。只有先理解和接纳了他们的情绪,我们才能更好地引导他们管理自己的情绪。

探究原因

当孩子恼怒时,试着引导他们说出恼怒的原因,这是非常重要的。我们需要搞清楚他们的真实想法和需求,才能帮助他们更好地处理情绪。可以说:"宝贝,告诉妈妈,你为什么这么生气?妈妈想帮帮你。"这样的提问方式可以鼓励孩子表达自己的感受。

妈妈也可以用"是不是……所以……"的句式来引导孩子,比如,"是不是他未经同意拿了你的零食,所以你生气了?"这样的句式可以帮助孩子更清晰地表达自己的情绪和原因。

弄清楚孩子到底在意什么,才能对症下药。通过了解孩子的真实想法和需求,可以更有针对性地帮助他们解决问题,处理情绪。

冷静消解

教会孩子冷静下来的方法是非常重要的。妈妈可以使用"大大气球变小了"这样的比喻来帮助孩子理解和管理他们的情绪。比如,可以告诉孩子:"当你感到生气时,就像一个大大的气球充满了气。但是,你可以学会让这个气球变小。先冷静十秒,默默数秒数,想象气球在慢慢消气。如果还是很生气,那就再数十秒。重复几次,你就可以让自己冷静下来。"

除了教孩子冷静的方法,还可以教他们使用"介意的事件+我很介意+请求"的句式来表达不满和需求。例如,"你把我的位置占了,我很介意,请不要这样做。"这样的表达方式既能让对方明白我们的请求和界限,又能让对方更愿意接受并做出调整。通过这样的方式,孩子可以更好地处理情绪,并学会有效与他人沟通。

制定规则

在家庭教育中,应该允许孩子表达任何情绪,包括恼怒。但是,妈妈也需要明确告诉孩子,伤害行为是不被允许的。如果孩子恼怒时做出破坏行为,如踢打小猫或乱扔东西,家长一定要及时制止,并明确告诉他们这样的行为是不可接受的。

妈妈可以与孩子一起制定一些规则,比如,"当你感到生气时,可以告诉妈妈你为什么生气,但是你不可以伤害别人或破坏东西。"这样的规则可以帮助孩子更好地理解和管理情绪,同时也保护了他们及他人的安全和权益。在教育过程中,既要尊重孩子的情绪表达,也要引导他们学会以更健康、更合适的方式处理情绪。

◆ 小结

本节我们了解到恼怒是孩子表达需求的一种方式,妈妈应通过理解、探究原因和冷静引导来帮助孩子管理情绪。同时,制定明确的规则,确保情绪表达不伤害他人,这是培养孩子情绪智力的关键。通过以上方法,我们可以很好地帮助孩子缓解情绪、健康成长。

遗憾：努力了很久，仍没能拿到比赛名次

遗憾这种情感体验，可能源自一个小小的错失，或是未曾说出口的话语。在孩子的世界里，遗憾有着它独特的重量和色彩。让我们走进孩子的内心，探索那些让他们感到遗憾的时刻，了解他们的情感需求，以帮助他们从经历中获得教训，学会释怀，继续前行。

◆ 案例分析

妞妞从小就是一个对舞蹈充满热情的女孩。六年级时，她为了参加市里举办的拉丁舞大赛，每天放学后都会坚持练习到很晚，汗水浸湿衣衫，她从未有过一丝懈怠。然而，当比赛结果公布时，妞妞发现自己竟然未获得任何名次。那一刻，她的眼神中闪过一丝失落，嘴角勉强挤出一个微笑，却难以掩盖心中的遗憾。

消极的情绪 上 篇

妞妞回到家中，默默坐在房间一角，手里紧握着那张参与奖的证书，眼眶渐渐泛红……

这种遗憾的情绪很快转化为了焦虑，她开始担心自己是不是真的没有天赋，是不是再怎么努力也无法达到别人的高度。这种焦虑不仅体现在对比赛结果的失望上，更多的是对自己能力的质疑和对未来的不确定感。

之后，妞妞变得沉默寡言，舞蹈练习的次数也减少了，妈妈问她，她也不愿意回答。她似乎在用自己的方式，去消化难以言说的遗憾情绪。

◆常见场景

除了案例中的情况，孩子还会在哪些场景下产生遗憾情绪呢？

○ 友谊的破裂：孩子因为一次争执或误会而失去了一个好朋友，之后没有机会或勇气去修复关系。

○ 未能参加重要活动：由于生病或其他原因，孩子错过了毕业典礼或重要的班级旅行。

○ 因犹豫不决而错失机会：在面对重要选择时，孩子因为犹豫不决而错失机会。

○ 未能坚持兴趣：孩子因为外界压力或时间安排而放弃了

自己的爱好,如钢琴或绘画。

○ 错过学习机会:孩子因为各种原因错过了参加特殊课程或讲座的机会,而这些可能对他们的成长有重要意义。

○ 未能帮到他人:当看到同学或朋友遇到困难时,孩子想要提供帮助,但因为犹豫或其他原因最终没有伸出援手。

○ 未能及时表达:在宠物离世时,孩子未能及时表达自己的感情或说再见。

○ 未能遵守承诺:孩子曾经做出承诺,但由于种种原因未能遵守,对此感到遗憾和愧疚。

◆沟通策略

遗憾情绪频发场景及沟通策略

场景	孩子感受	不当表达	正向沟通
未能达到目标	感到沮丧和失望	强调失败,打击孩子:"看看你,总是做不好,不行就放弃吧!"	强调努力:"虽然结果不如预期,但你很努力,妈妈觉得这非常值得称赞。"
友谊的破裂	感到悲伤和失落	忽视孩子的感受,不理解地说:"那么多人你非得跟他玩吗?不能另找一个?"	表达理解,提供帮助和建议:"我看得出你很在乎这段友谊,我们来看看能用什么方法跟他继续做回好朋友。"

续上表

场景	孩子感受	不当表达	正向沟通
未能参加重要活动	感到失望和遗憾	轻描淡写回应："不就是一次活动嘛,有什么大不了的。"	给予共情,给出弥补方案："错过重要活动确实让人难过,我们可以再想一些别的活动来弥补,好吗?"
因犹豫不决而错失机会	感到迷茫和后悔	一开口就责备孩子："你总是犹犹豫豫,一点也不像个男子汉!"	引导孩子独立思考,通过科学分析来做抉择："选择确实很难,但十全十美的选择是不存在的。我们可以一起分析下每种选项的利弊。"
未能坚持兴趣	感到挫败和遗憾	喜欢"炒旧饭",批评过的话总是反复说,比如:"你又是这样,总是半途而废。"	肯定孩子的尝试："你的兴趣很有价值,我们可以重新安排时间来继续你的爱好。"
错过学习机会	感到遗憾和失望	简单粗暴地将原因归在孩子身上:"怪谁呢? 谁让你不注意时间!"	探讨补救方案："我们可以一起寻找新的学习机会,把握下一次。"
未能帮到他人	感到遗憾和无力	否定孩子的意愿:"你自己还管不好自己呢,怎么帮别人?!"	赞赏孩子的初衷:"你有帮助他人的愿望,这是非常宝贵的。"

续上表

场景	孩子感受	不当表达	正向沟通
未能及时表达	感到悲伤和遗憾	忽视孩子的伤心，随口对孩子说："现在说这些还有什么用?!"	表达支持："表达内心情感是非常重要的，妈妈和你一起来看看，是否可以用别的合适的方式去纪念和致敬，好吗?"
未能遵守承诺	感到愧疚和遗憾	责备孩子："你不总这样吗？永远都说话不算数。"	理解孩子的处境，安慰孩子："承诺定下就应该遵守，但有时难免会出现意外情况，我们一起来想想办法，看如何补救。"

◆ 育儿妙计

当孩子产生遗憾情绪时，妈妈可以这样做。

安慰与理解

当孩子因未如愿而遗憾时，首先要做的是安慰并理解其情绪。例如，孩子因考试差一分没及格而遗憾时，要表达理解："妈妈知道你很努力，差一点点确实让人遗憾。我以前也有过这样的感受，知道这种滋味不好受。"用这样的话语，先减轻孩子的自责感，让他感到被支持和理解，然后再想办法解决问题。

总结反思并吸取教训

引导孩子从遗憾中总结反思,寻找原因并吸取教训。

可以教孩子一个面对遗憾的公式:直面遗憾=接受+反思+行动。

比如,孩子因未努力而遗憾,妈妈可以鼓励他分析原因,并相信只要努力就仍有机会改善。可以这样说:"妈妈相信你,如果你比之前更努力的话,相信成绩会有提升的。"

再比如,若孩子已经努力了,但方法不对,就告诉他:"我们可以一起调整策略,运用正确的学习方法并制订科学的学习计划。"

若孩子已经尽力了,但仍遗憾,我们就要强调过程的重要性,肯定其努力,并告诉他:"你在我心中就是最好的,名次没那么重要。"

鼓励勇敢尝试

对于因胆怯而错过的遗憾,要鼓励孩子下一次机会到来时要勇敢尝试,不要再错过机会。妈妈可以多分享一些勇敢面对遗憾的故事,告诉孩子:"胆怯会让我们遗憾,那我们不妨勇敢点试试看。你可以的,请勇敢大步向前走!"

培养积极心态

要教会孩子:遗憾是成长的一部分,我们无法选择遗憾的发生,但可以选择如何面对,通过正向面对遗憾,我们可以促进生活的积极转变。家长应该引导孩子从遗憾中汲取力量,不断成长与学习。

此外,我们还可以举一些具体的例子来帮助孩子更好地理解如何面对遗憾。比如,可以告诉孩子一个关于运动员的故事,这位运动员因为一次失误而失去了比赛机会,但他并没有放弃,而是从这次遗憾中汲取了教训,更加努力地训练,最终在下一次比赛中取得了优异的成绩。这样的故事可以让孩子明白,遗憾并不是终点,而是一个新的起点,只要我们勇敢面对并从中汲取力量,就可能取得更大的成功。

◆ 小结

在面对孩子的遗憾时,妈妈的角色至关重要。通过本节可以了解到,妈妈应首先给予孩子安慰与理解,以减轻其自责感,这是引导孩子积极面对遗憾的第一步。随后,妈妈需引导孩子反思原因,吸取教训,并鼓励其勇敢尝试,不错过成长的机会。最终,培养孩子积极面对遗憾的心态,让其学会从遗憾中汲取力量,不断成长与学习,这不仅是处理遗憾的智慧,更是人生道路上的宝贵财富。

沮丧：期待已久的游乐园活动被取消

孩子有时感到沮丧是很正常的，这是他们情感世界的一部分。我们可以引导孩子正确认识并表达这种情绪，通过共情和理解，帮助他们将沮丧转化为成长的动力，与孩子共同探索克服困难的方法，用心陪伴孩子走出沮丧，发现生活中的美好和希望。

◆ 案例分析

活泼开朗的露露读小学二年级。周末，她将和爸爸妈妈一起去迪士尼游乐园玩，这是很早之前就约定好了的。露露对即将到来的游乐园活动充满了期待，她甚至已经开心地告诉了最好的朋友小姜。然而，就在活动前一天晚上，妈妈告诉她，明天会有暴雨，游乐园活动因天气原因只能取消。听到这个消息，露露的眼神立刻黯淡了下来，她默默走回房间，坐在床边，眼眶里一下就充满了泪水。

她趴在桌子上，试图通过画画来转移注意力，但画得又无力又杂乱，显然，她的心思还沉浸在活动被取消的沮丧之中。

露露会出现沮丧情绪，主要是因为期待落空。她为了这次游乐园活动投入很多情感准备，这种期待成了她近期的重要心理支撑。然而，活动的突然取消打破了心理预期，使她感到自己的期待化为了泡影，这种落差让她倍感失落。同时，对于未来是否能再有类似的活动、何时能弥补这次遗憾的不确定性，也让她感到焦虑和不安。

◆ 常见场景

除了案例中的情况，孩子还会在哪些情况下产生沮丧情绪呢？

○ 成绩不理想：孩子在考试或比赛中表现不佳，没有达到自己或妈妈的期望。

○ 技能学习困难：孩子在学习新技能，如骑自行车或弹奏乐器时遇到持续的挑战和失败。

○ 社交排斥：孩子在尝试加入一个社交团体或与同龄人建立友谊时遭到拒绝。

○ 宠物生病或失去宠物：心爱的宠物生病或去世，由此带来的悲伤可能让他们感到沮丧。

○ 努力未被认可：孩子在某项任务上付出了巨大的努力，但未得到老师或妈妈的认可和赞赏。

○ 兴趣与现实的差距：孩子可能对某些活动或职业充满热情，但因为现实的限制无法追求自己的梦想。

○ 由外貌产生的自我意识：孩子可能因对自身外貌不满或与同龄人的比较而感到自卑和沮丧。

○ 妈妈的过高期望：妈妈对孩子有过高的期望，孩子感到难以满足这些期望，从而感到沮丧。

◆ 沟通策略

沮丧情绪频发场景及沟通策略

场景	孩子感受	不当表达	正向沟通
计划被取消	感到沮丧和失望	不以为然，随口说："计划赶不上变化，不去了你就在家学习。"	照顾孩子的情绪，为孩子提供替代方案："这次取消很遗憾，我们一起来计划另一个特别的活动，好不好？"
成绩不理想	感到失望和挫败	开口就是批评与指责："什么事都不用你做，就希望你能学习好一点，你真是一点也不行。"	表达理解与共情："宝贝，我感觉到你很失望，我们一起来看看哪里出了问题，哪里可以改进。"

续上表

场景	孩子感受	不当表达	正向沟通
技能学习困难	感到沮丧和无力	忽视孩子的挑战:"别人怎么都会,就你不会?!"	提供支持:"学习新技能不容易,我们慢慢来,多练习。"
社交排斥	感到孤独和不被接受	轻视孩子的感受:"肯定是因为你的问题,别人才不跟你玩。"	肯定孩子的感受:"社交确实有挑战,我们可以一起探讨下如何交朋友。"
宠物生病或失去宠物	感到悲伤和痛苦	忽略孩子的悲伤,漠然地说:"不过是个宠物而已。"	对孩子的失落表示理解,安慰孩子:"失去宠物真的很伤心,我们一起来纪念它吧!"
努力未被认可	感到挫败和不被赏识	总强调结果,埋怨孩子:"不要总跟我讲你努力了,努力了你的成绩会这么差?"	认可孩子的努力,鼓励孩子:"我看到你这段时间付出了很多,这本身就值得肯定。"
兴趣与现实的差距	感到沮丧和无助	否定孩子的梦想:"说什么胡话,你讲的那些都不现实。"	鼓励孩子勇敢追梦:"梦想是非常美好的,我们现在就来探讨下为了实现梦想可以做些什么吧!"
由外貌产生的自我意识	感到自卑和沮丧	忽视孩子的自我意识:"你还小,不应该在意外表。"	强化孩子的内在价值,引导孩子:"每个人都拥有自己的美,你也有很多优点。"

续上表

场景	孩子感受	不当表达	正向沟通
妈妈的过高期望	感到压力和沮丧	给孩子施压："才99？你应该考100，你可以做得更好。"	调整期望，肯定努力："我知道你已经尽力了，我们重新设定一个更合理的目标吧！"

◆育儿妙计

当孩子产生沮丧情绪时，妈妈可以这样做。

情感"充电宝"

当孩子沮丧时，妈妈就像是他们的情感"充电宝"，要先倾听和理解，给予孩子充分的情感支持。比如，孩子因为考试成绩不理想而沮丧时，妈妈可以先问问孩子的感受："我看到你这次考试没考好，你是不是有点失望呢？"耐心听听孩子的感受和想法，别急着打断或给解决方案，先让孩子感到自己的情感被接纳和尊重，让他们感受到温暖和支持。

自信"打气筒"

在孩子遇到挫折时，妈妈可以化身为自信"打气筒"，通过肯定和鼓励来帮孩子重建自信。告诉孩子，挫折是成长中不可避免的一部分，重要的是如何面对和克服。可以引导孩子回顾过去克服困难的经历,比如:"我记得你上次数学考试前也很紧张,但最后还是考得很好。你真的很棒,你是有能力克服困难的!"通过鼓励的话语,帮助他们重新找回自信和勇气。

乐观"导航仪"

除了给予情感支持和自信鼓励,妈妈还要成为孩子的乐观"导航仪",引导他们从问题中寻找积极的方面,培养他们的乐观心态。比如,可以说:"这次考试没考好没关系,我们可以一起看看哪些题目答得不好,然后一起努力改进。这样下次你就能更好地应对了,也许还能发现一些新的学习方法和技巧呢!"这样的引导,就像给孩子的心灵装上了导航仪,让他们学会在困境中寻找方向和希望。

计划"指南针"

为了帮助孩子更好地应对挫折和困难,妈妈可以陪伴他们一起制订解决问题的计划,并给予实际的帮助和支持。比如,可以一起制订一个详细的学习计划,包括每天的学习时间和内容安排,帮助孩子更好地准备下一次考试。这样做能让他们感受到行动的力量和方向。

妈妈做榜样

最重要的是,妈妈要以身作则,展示积极向上的生活态度,成为孩子的最好榜样。妈妈可以分享自己面对挫折时的经历和感受,以及是如何克服的,比如:"妈妈以前也遇到过工作上的挑战,但我努力寻找解决问题的方法,最后成功克服了。你也可以像我一样勇敢哦!"这样,孩子就能从妈妈身上学到如何积极应对沮丧情绪,让自己在面对挫折时更有勇气和信心,进而勇敢地面对生活中的各种挑战。

◆小结

在孩子的成长道路上,遇到挫折和沮丧是不可避免的。作为妈妈,不仅是孩子情感的避风港,更是他们成长的引路人。通过成为孩子的情感"充电宝"、自信"打气筒"、乐观"导航仪",以及计划"指南针",妈妈不仅能够帮助孩子渡过难关,更能教会他们如何积极面对生活的挑战。最重要的是妈妈要以身作则,展示积极向上的生活态度,让孩子在模仿与学习中逐渐成长为勇敢、自信、乐观的人。这样的陪伴与教育,将是孩子一生中最宝贵的财富。

急躁：被妈妈催促收拾书桌

急躁情绪犹如一场小风暴，不经意间就能席卷孩子的平静心海。在这些时刻，妈妈的洞察与支持显得尤为重要。妈妈需以平和的心态，为孩子树立情绪管理的灯塔，引导他们学会在急躁的波涛中航行，找到内心的宁静和平衡。通过彼此的共同努力，让孩子理解急躁的源头并教会他们应对这一情绪的有效策略。

◆ 案例分析

天天正专心致志地用彩色铅笔描绘心中的奇幻世界，这时，妈妈的声音响起："天天，你的书桌怎么这么乱？快点收拾一下！"天天应了一声，手却继续在画。过了十来分钟，妈妈走进房间，发现书桌没有收拾，又开始叫他。

妈妈的话像是大风，让天天的笔尖不由得颤抖了一下。听着一声声催促,他感到一股急躁的情绪瞬间涌上心头。

从心理分析来看,天天的急躁情绪源于他的自由被突然打断,由此心生不满。同时小男孩会对控制感有着自己的渴望。他正处于一个高度专注的创作状态,这种状态下,他感到自己是完全自主并且具有掌控感的,然而,妈妈的催促打破了他的自我掌控感,使他不得不从创造性的想象中抽离出来,去面对自己认为相对枯燥和烦琐的书桌整理任务。这种突如其来的变化让他感到自己的自由和选择被剥夺,从而引发了急躁情绪。

并且,他也担心如果自己不及时收拾,可能会引发妈妈更多的不满和批评,这种对潜在负面后果的担忧也加重了他的烦躁。

在这种烦躁和焦虑的驱使下,天天的行为表现变得有些冲动和不耐烦。他重重地放下手中的铅笔,嘴里小声抱怨着,然后用力拉开抽屉,胡乱地将书本和文具往里扔,动作充满不满和敷衍,眼神中透露出一种想要尽快完成这个任务以便回到自己世界的迫切神情。

急躁情绪如果频繁出现且得不到有效调节,孩子就可能形成一种对催促和压力的过度敏感,这种感觉会让他们再面对类似情境时更容易感到焦虑和烦躁。长此以往,这种心理状态可能会影响孩子的情绪管理能力,使他们在面对生活中的挑战和压力时难以保持冷静和理性。

◆ 常见场景

除了上面案例中的情况,孩子还可能在哪些情况下产生急躁情绪呢?

○ 交通堵塞:在上学或去往其他地方,例如假期去游乐园玩的路上遇到了交通堵塞,孩子可能会因为延误而感到急躁。

○ 无法解决技术问题:当电子游戏或学习软件出现故障时,孩子可能会因为无法立即解决而感到急躁。

○ 面对作业难题:面对难题或难以理解的作业,孩子可能会因为感到挑战过大而变得急躁。

○ 睡眠不足:如果孩子晚上睡得晚或睡眠质量差,那么第二天可能会因为疲劳而变得易怒和急躁。

○ 同伴压力:在同龄人中感受到压力,比如被催促做出决定或跟上他人的步伐,可能会使孩子变得急躁。

○ 时间管理问题:当孩子难以平衡多项任务或活动时,可能会因为时间紧迫而感到急躁。

○ 他人或外在环境处于急躁状态:如果妈妈或其他孩子表现出急躁情绪,那么孩子可能会受到情绪感染,也变得急躁。

○ 资源受制:孩子想要做某件事,但因为缺少必要的资源或工具而无法进行时,可能会感到急躁。

◆ 沟通策略

急躁情绪频发场景及沟通策略

场景	孩子感受	不当表达	正向沟通
妈妈的催促	感到被压迫而急躁	持续打断孩子,施加压力:"赶紧的,别磨蹭了!"	适当给孩子时间和空间,鼓励孩子:"我们还有十分钟,我相信你可以完成的。"
交通堵塞	感到焦虑和急躁	表现出不耐烦,抱怨连连:"天天堵,烦都烦死了!"	用平静的语气转移注意力:"让我们听听音乐,放松一下。"
无法解决技术问题	感到挫败和急躁	责怪孩子,忽视孩子的感受:"读那么多书,这点小问题都解决不了。"	提供实际的帮助并安慰孩子:"技术问题总是难免的,让我们一起看看如何解决它吧!"
面对作业难题	感到挑战过大而急躁	只关注结果,忽视孩子的感受:"不要跟我说难,就告诉我结果,你作业做完了没有?"	表达理解和支持:"这个题目确实有点难,我们一起看看课本中的例题,看是否能找到解题思路。"
睡眠不足	感到疲劳和急躁	批评孩子的睡眠习惯:"你晚上不睡,早上当然累,这叫自作自受。"	提供睡眠建议:"晚上早点休息可以让你精神饱满。"

续上表

场景	孩子感受	不当表达	正向沟通
同伴压力	感到急躁和不安	忽略孩子的压力,不理解地说:"别人催,你好好解释一下不就可以了吗?没必要有压力。"	认真听取并提供解决方案:"说说你的具体感受,我们看下能否找到适合自己的选择。"
时间管理问题	因时间紧迫而感到急躁	责备孩子没有计划:"你总是乱七八糟的,就没见过你这么没条理的小孩。"	帮助孩子制订计划,耐心引导孩子:"我们来做个计划,这样你就可以更有效地管理时间。"
他人或外在环境处于急躁状态	感到急躁	自己无意识的急躁情绪加剧了孩子的情绪,强硬地对孩子说:"你不要说了,我没时间听这些!"	通过自己的冷静来安抚孩子,耐心引导孩子:"深呼吸,我们一步一步来。"
资源受制	感到急躁	直接拒绝,斥责孩子:"整天不务正业,搞那些玩意儿有什么用?!"	理解孩子,并提醒:"专注自己感兴趣的事没错,但也不能耽误学习。你需要的东西妈妈给你买,但你得答应我不能把所有的时间都放在这件事上。"

◆ 育儿妙计

当孩子产生急躁情绪时,妈妈可以这样做。

"深呼吸,慢下来"

教孩子学会深呼吸,每当感到急躁时,就深深地吸一口气,然后慢慢地呼出来。这个简单的动作能帮助孩子迅速平复情绪。比如,孩子在等待晚餐时急躁不安,你可以引导他深呼吸几下,感受气息在身体内的流动,这样他便容易平静下来,不再急躁。

"情绪温度计"小游戏

和孩子一起玩"情绪温度计"游戏。设定 0~100 范围的情绪刻度,0 代表最冷静,100 代表最急躁。通过这一设定让孩子学会识别自己的情绪刻度,并努力将其调整到较低的水平。比如,孩子在玩具拼图拼不出来时急躁起来,你可以拿出"情绪温度计",让他意识到自己快接近 100 了,然后引导他思考如何调整情绪,比如暂时离开一会儿,再回来尝试,这样他就能更好地控制自己的情绪。

"时间小魔法师"训练

给孩子设定一个"魔法时间",比如 5 分钟。在这 5 分钟内,让孩子尝试专注于一件事情,比如自己画画、看书等。时间结束后，问问孩子感觉如何，是否变得更加冷静了。比如孩子在等待你讲完一个故事时急躁不已，这时你可以设定一个 5 分钟的"魔法时间"，让他先自己画画。时间一到，他大概率会比之前变得安静。

"情绪小侦探"寻宝

和孩子一起找出引发急躁情绪的"宝藏"。问问孩子："你觉得是什么让你这么急躁呢？"一起找出原因，然后想办法解决它。比如，孩子在找不到玩具时急躁大哭，你可以和他一起玩"情绪小侦探"游戏，引导他回忆最后一次玩玩具的情景，或者一起寻找玩具可能藏匿的地方。一旦找到玩具，他的急躁情绪就会立刻消失。

◆ 小结

这一小节探讨了妈妈如何化身为"情绪小魔术师"，巧妙应对孩子的急躁情绪。通过教授孩子深呼吸、玩"情绪温度计"小游戏、进行"时间小魔法师"训练，以及一起寻找急躁情绪的"宝藏"，妈妈不仅能够有效平复孩子的情绪，还能在亲子互动中增进彼此的理解和信任。这些实用而有趣的小方法，不仅能帮助孩子学会情绪管理，更能为家庭带来和谐与快乐的氛围，让每一个家庭成员都能在爱与理解中成长。

自责：不小心摔坏了家里的花瓶

自责是一种深刻的内在情绪，当孩子认为自己未能达到预期的标准或让他人失望时，它就会悄悄潜入他们的心灵。这种情绪可能源于孩子对自己的严格要求，或是在面对失败和挑战时的一种自然反应。

自责有时会带来沉重的负担，但也是成长和自我反省的契机。妈妈的任务是帮助孩子理解自责的根源，教会他们如何以科学的方式处理这种情绪，从而将其转化为自我提升和学习的机会。通过正确的引导，家长可以帮助孩子学会从自责中汲取力量，而不是让它成为阻碍前进的障碍。

◆案例分析

豆仔七岁，读小学一年级，正是活泼好动的年纪。某天在家里玩耍时，他不慎碰倒了放在桌边的精美花瓶，只听哐当一声，花瓶碎裂一地。看到这一幕,豆仔的脸色瞬间变得苍白,他愣在原地,双手紧握成拳,眼眶渐渐泛红,却强忍着不让泪水落下。尽管爸爸妈妈听到声音后第一时间出来打扫,并安慰他"没事的",但在接下来的时间里,豆仔变得异常沉默,吃饭时也闷闷的,甚至主动提出帮忙做家务,似乎是想通过这种方式来弥补自己的"过错"。

豆仔的表现正体现了他内心深处的自责感。这种自责源于他对于事件结果的认知——认为自己应当对花瓶的损坏负责。在儿童心理学中,这种情绪反应很常见,尤其是当孩子开始形成对因果关系的理解后,他们会更容易将负面结果归咎于自己,即使是无心之失。豆仔的消极情绪表现,如沉默、自责以及试图通过行动来补偿,都是他对这一事件内化处理的体现。

长期而言,这种过度的自责感可能会对豆仔的心理健康产生不利影响,比如导致自信心受损、害怕尝试新事物或过度追求完美,进而影响其社交能力和个人成长。因此,家长在此时应给予适当的引导和支持,帮助孩子理解意外发生的偶然性,并教会他们如何从错误中学习,而不是沉溺于自责之中。

◆ 常见场景

除了案例中的情况,孩子还可能在什么场景下产生自责情绪呢?

○ 未能达到预期的成绩:孩子在考试或比赛中未能达到自己或他人的预期,可能会感到自责,认为自己没有尽力。

○ 因自己的失误导致团队失败:在团队活动中,如果孩子的失误导致了团队的失败,他们可能会责怪自己没有发挥好。

○ 遗忘重要事项:当孩子忘记了重要约定或其他重要事项,如忘记带作业,他们可能会自责,觉得自己不够细心。

○ 未能遵守承诺:如果孩子未能兑现对朋友的承诺,比如未能按时还书或未能参加约定的活动,可能会感到自责。

○ 未能帮助需要帮助的人:当孩子目睹他人需要帮助却未能伸出援手时,可能会自责,觉得自己缺乏同情心。

○ 未能保护好自己的财物:如果孩子丢失了手机或钱包等个人财物,他们可能会自责,认为自己保管不善,不够细心。

○ 未能实现个人目标:孩子设定了个人目标,如减肥或锻炼,但未能坚持,可能会因此而自责,认为自己缺乏自制力。

○ 未能在截止日期前完成任务:当孩子未能在规定的时间

内完成学校项目或作业时，可能会自责，认为自己时间管理不当。

◆ 沟通策略

自责情绪频发场景及沟通策略

场景	孩子感受	不当表达	正向沟通
日常犯错	后悔、内疚	抱怨孩子："总是毛手毛脚的！"	接受孩子的情绪，积极引导："没事的，以后多注意就好。"
未能达到预期的成绩	感到后悔、自责	在成绩公布后埋怨孩子，忽视孩子的努力："你这次怎么考得这么差？"	与孩子一起分析试卷，鼓励孩子："我看到了你在数学上的进步，我们可以一起看看语文怎么提高。"
因自己的失误导致团队失败	产生强烈的自责感	在团队活动中公开指责孩子："都是因为你，我们队才输了比赛。"	在活动结束后与孩子私下讨论，鼓励多参与团队合作："比赛输赢已成定局，我们可以讨论一下如何与团队成员合作，下次才能做得更好。"
遗忘重要事项	感到内疚、自责	指责孩子："你总是这么粗心大意！"	理解孩子并提供帮助，与孩子一起制定备忘录："每个人都会有忘记的时候，让我们一起想办法记住。"

续上表

场景	孩子感受	不当表达	正向沟通
未能遵守承诺	感到懊悔、内疚	埋怨孩子:"你答应的事总是办不到。"	与孩子讨论承诺的重要性:"承诺是建立信任的重要方式,我们来讨论下如何才能更好地遵守承诺。"
未能帮助需要帮助的人	感到内疚、自责	忽视孩子的感受:"自己都管不好自己,操心别人干什么?"	鼓励孩子:"乐于助人是一种美德,以后还会有帮助他人的机会的。"
未能保护好自己的财物	感到十分懊悔	指责孩子:"你总是这么不小心,东西丢了也活该。"	与孩子一起寻找丢失的原因,并引导孩子学习如何保管好自己的财物:"保护好自己的财物是一种责任,把它们放到衣服内兜或包的内侧,这样就不容易丢失了。"
未能实现个人目标	感到愧疚、自责	嘲笑孩子:"你总是给自己定目标,但从来没实现过。"	一起制定实际可行的目标,并鼓励孩子:"要想实现目标,需要时间和努力,妈妈陪你制订一个可行的计划吧。"
未能在截止日期前完成任务	感到内疚和遗憾	埋怨孩子的拖延:"你总是等到最后一分钟才做事,能有好结果吗?"	与孩子一起寻找解决问题的方法:"时间管理是一门学问,我们看看这本书中有哪些时间管理的方法可以用上。"

◆育儿妙计

当孩子产生急躁情绪时,妈妈可以这样做。

倾听心声,拥抱感受

给孩子一个温暖的怀抱,轻声告诉他们:"无论何时,你都可以和妈妈/爸爸分享你的感受,我们会一直在你身边。"当孩子开始讲述时,请确保环境安静,没有干扰,用眼神和肢体语言传达你的专注和关爱。同时,鼓励孩子准备一个情绪日记本,每天记录自己的情绪变化、触发事件以及当时的想法和感受。你可以说:"能感觉到你真的很难过,妈妈/爸爸在这里,和你一起感受。我们可以一起写下来,看看有什么方法可以帮助你感觉更好。"

情绪日记有助于孩子识别和理解自己的情绪,从而学会更好地管理情绪、解决问题。通过家长的倾听和陪伴,孩子能感受到自己的情绪是被接纳和理解的,这一点也至关重要。

一起种下"成长树",收获智慧果

和孩子一起动手制作一棵"成长树",可以用纸板、彩笔和贴纸。每次遇到小挫折或犯错时,就在树上画一个小果子,并写下这次经历中学到的东西。告诉孩子:"每个果子都代表着你的一次成长,它们会让你变得更聪明、更强大。看,这个果子告诉我们,下次你要更加小心,对吧?"通过这种方式,鼓励孩子从每次经历中提取积极的一面,而不是沉浸在自责中。

还可以准备一套情绪调节卡片,每张卡片上写上一种情绪调节策略,如深呼吸、积极自我对话等。当孩子感到自责时,可以让他们抽取一张卡片,并按照卡片上的策略进行练习。

"成长树"和情绪调节卡片都是帮助孩子从积极角度看待挫折和错误的工具。它们不仅鼓励孩子从每次经历中学习经验教训,而且教会了他们好用的情绪调节方法。

自信小种子,一起浇灌它

为孩子准备一个小盆栽,种下一颗种子,并告诉孩子:"这颗种子代表了你的自信和快乐,需要我们每天的呵护和滋养。"每天和孩子一起给种子浇水、晒太阳,并鼓励孩子分享自己一天中做得好的事情,无论是大事还是小事。你可以说:"今天你帮妈妈/爸爸拿了东西,真是我的小帮手!你的自信和快乐就像这颗种子一样,在慢慢长大。"同时,准备一些正面肯定的贴纸,上面写上鼓励的话语,如"我很棒""我做得很好"等。当孩子完成某项任务或面对挑战时,无论结果如何,都给予正面反馈,并让他们选择一张贴纸贴在自己的日记本、书桌或墙上。

小盆栽和正面肯定贴纸都是帮助孩子建立自信和自尊心的

工具。通过每天的浇灌和分享，孩子能感受到自己的成长和进步，而正面肯定贴纸则能进一步增强孩子的自信心，减少自责情绪的发生。

◆ 小结

面对孩子的自责情绪，妈妈不仅要给予耐心的倾听和温柔的拥抱，还要巧妙地运用一些实用工具和策略。情绪日记能帮助孩子更好地认识和表达自己的情绪；"成长树"则是一个有趣的视觉化工具，让孩子看到了每次挫折后的成长和智慧；而小盆栽与正面肯定贴纸，则是培养孩子自信和自尊心的甜蜜小妙招。

记住，每个孩子都是独一无二的小种子，用你的爱和耐心，为他们打造一个充满支持和鼓励的成长环境，让自责的阴霾逐渐散去，让阳光和自信在他们心中一点点生根发芽。

下 篇

积极的情绪或优秀的品质

在亲子关系的细腻织锦中,每一缕情绪都是不可或缺的丝线。培养孩子的积极情绪,首先需要妈妈和孩子共同踏上一段自我认知与情绪管理的旅程。正确识别并感受自身及孩子的情绪波动,是这趟旅程的起点。无论是欢笑还是泪水,每一种情绪都是心灵的信使,它们让我们收获了成长的秘密。通过细心观察,会发现,某些特定情境或行为如同情绪的触发器,一旦激活,便引领自己进入不同的情绪状态。了解这些"开关",可以让自己更加从容地驾驭情绪之舟,驶向更加平静与和谐的港湾。

当孩子或妈妈自己的情绪开始翻涌时,不妨尝试一些简单而有效的方法来平复波澜。倒数计时、深呼吸、冥想,或是短暂地抽离现场,都是帮助我们恢复冷静的良方。这些方法不仅适用于成人,也能教会孩子如何在情绪的风暴中找到避风港。特别是面对青春期的孩子,他们的情绪如同夏日的天气般多变,我们更应展现出成人的稳重与理解,给予他们时间和空间去进行自我调整,同时用温柔的话语引导他们回归内心的宁静。

母亲与父亲在情感陪伴中的角色虽有不同,但共同目标都是培养孩子积极向上的心态。在这个过程中,冲突与分歧在所难免,但正是这些挑战塑造了更加坚韧的亲子纽带。重要的是,要学会在冲突中寻找共识,坚守家庭的价值底线,同时改变沟通的方式,让爱成为连接彼此的桥梁。

当出现问题时,父母需要清晰而坚定地表达自己的期望与原则,同时倾听孩子的声音,与孩子共同寻找解决问题的最佳路径。

当妈妈意识到自己在教育过程中犯错时,要勇于承认并向孩子道歉,这样做不仅不会削弱我们的权威,反而能增强亲子间的信任与尊重。道歉是成长的催化剂,它教会我们如何以更加开放和包容的心态去拥抱生活中的不完美。

记住,成为"足够好"的父母已是不易,无须苛求完美。在爱与理解的滋养下,与孩子一同成长,享受每一次挑战带来的收获与喜悦。让我们携手前行,在培养孩子积极情绪的同时,也为自己的心灵播下幸福的种子。在这条相互成就的道路上,每一次努力都将是通往更加光明未来的坚实步伐。

本篇会通过对感恩、耐心、喜悦、乐观、勇敢、宽容、平静等积极情绪或优秀的品质的探讨,告诉妈妈积极情绪在亲子关系中

积极的情绪或优秀的品质　**下　篇**

的重要作用。它们如同温暖的阳光，不仅能照亮孩子的成长之路，也可以温暖每一个家庭成员。它们是一股无形的力量，能推动亲子关系向着更加和谐、亲密的方向发展。

　　让我们在这条充满爱与理解的道路上坚定前行，让积极情绪成为妈妈与孩子的共同语言，共同书写属于每个家庭的温馨篇章。

感恩：对身体不舒服的妈妈表达关心

在生命的长河中，感恩如同璀璨的珍珠，引导孩子培养出在平凡生活中发现不凡的能力。感恩的种子需要我们细心播种和培育，孩子应该学会珍视每一分给予，无论是来自家人的关爱、朋友的陪伴，还是大自然的恩赐。在陪伴孩子成长的过程中，父母不仅是孩子的启蒙者，更是他们感恩之旅的同行者。让我们与孩子一起在感恩的道路上收获成长，收获爱。

◆案例分析

小霞读小学四年级，是一个性格内向的女孩，平时不太善于表达自己的情感。

一天，妈妈因为工作劳累，身体感到有些不适，早早地躺在床上休息。看到妈妈疲惫的样子，小霞轻轻走到床边，用稚嫩的声音说："妈妈，你辛苦了，我来帮你捶捶背吧。"说着，她的手就落在了妈妈的背上。

这一刻,小霞的行为不仅仅是简单的照顾行为,更是她内心深处对家人关爱的体现。通过与妈妈的日常交流,小霞学会了感知家人的情感和需要,这种潜移默化的学习过程让她懂得了关心和爱护的意义。当妈妈身体不舒服时,小霞就自然而然地主动表达温暖的话语并学着照顾妈妈。

从心理分析的角度来看,小霞之所以能够在妈妈需要时表现出关心和照顾的行为,是因为她平时感受到了来自家人的充足关爱。这种关爱为她提供了一个安全、温暖的环境,让她敢于表达自己的情感,也愿意去学习如何关心和爱护他人。

如果小霞平时感受到的是冷漠或忽视,她可能会在遇到类似情况时感到焦虑或无助,因为她不知道如何去面对和处理这种情况。但在这个案例中,小霞的行为表现恰恰相反,她表现出了温暖和关爱,这正是她内心充满爱的体现。

◆ 常见场景

除了案例中的情况,孩子还可能在哪些场景下培养出感恩之情呢?

〇 日常小事中的点滴关爱:培养孩子学会观察,多关注日常生活中的小事情,比如看到干净的房间或准备好的早餐,要感恩帮忙整理房间和准备早餐的家人。

○ 感受来自朋友的支持：在困难时刻或共同完成任务时，孩子感受到了来自朋友的陪伴和支持，这时就可以引导孩子，要懂得感恩朋友的援手。

○ 感受老师的善意教导：孩子从老师的指导和鼓励中受益，特别是在学习上得到了帮助，由此可以引导孩子，让他们了解老师的付出，学会感恩。

○ 关注到社区邻里间的帮助：孩子经历了社区成员的互助行为，如邻里间的互相帮助，感受到了人际关系的和谐，由此可以引导孩子对他人要心存感激。

○ 感受自然环境的恩赐：孩子在户外游玩时，引导他们感受大自然的美丽和宁静，感恩大自然给人类的恩赐。

○ 关注到自己健康的身体：让孩子意识到并感恩自己拥有健康的身体，并不是人人都能这样。

○ 感谢生活在安全的环境里：让孩子感受到自己能够生活在一个安全无暴力的环境中并不是一件容易的事，要感谢带来这一切美好的人员，比如解放军叔叔、消防员叔叔等。

○ 对传统节日的感恩：引导孩子关注节日庆典，感恩家人的相聚，懂得节日的传承意义。

○ 艺术和美的欣赏：孩子通过艺术作品感受到了美，进而感恩与艺术的相遇。

◆ 沟通与培养策略

"感恩"培养常见场景及策略

场景	不当表达	正向沟通	教育重点
家人的关爱	忽视孩子的关心,随口对孩子说:"快学习去。"	回应孩子的关心:"谢谢你,有你真好。"	关爱家人
日常小事中的点滴关爱	忽略孩子的感激之情:"这些琐事不值得你关注,把注意力放在学习上。"	鼓励孩子发现生活中的美好:"你能注意到这些细节很好,它们是我们幸福的来源。"	观察能力和对他人的感激之情
朋友的支持	淡化朋友的帮助,认为朋友间的帮助理所当然:"朋友间不就应该互帮互助嘛!"	赞赏孩子对友情的珍视:"你的朋友真好,记得也要为他们做同样的事。"	珍视友情,心怀感恩
老师的教导	认为老师付出理所应当:"教书育人本就是他们的职责。"	强调老师的辛勤工作:"老师不仅教书,还关心你们的成长,值得我们尊敬和感激。"	尊师重道和感恩

续上表

场景	不当表达	正向沟通	教育重点
社区的帮助	对社区互助视而不见,随口说道:"人们互相帮助很正常,没什么特别的。"	指出并赞赏社区互助:"我们社区的人互相帮助,这体现了邻里之间的温暖,能在这样的环境生活,我们应该感恩。"	社区互助意识和社会责任感
自然环境的恩赐	对自然美景无动于衷:"这些风景看多了就习惯了。"	引导孩子欣赏自然:"大自然的美是无价的,我们应该珍惜并感恩。"	感知美、感恩大自然
健康的身体	对孩子的活力视而不见:"小孩子不就应该是这样的吗?!"	引导孩子感恩健康,珍爱生命:"拥有健康的身体是一种福气,我们应该珍惜并照顾好自己。"	健康意识和知足感恩的心态
安全的环境	对安全环境不珍惜:"现在这个年代,安全环境不是最基本的吗?没什么好说的。"	强调安全的重要性,珍惜生活在和平年代:"我们生活在一个和平安全的环境中,这是很多人梦寐以求的,我们应该珍惜,并感恩为此付出的每一个人。"	安全意识和感恩

续上表

场景	不当表达	正向沟通	教育重点
节日的相聚	对节日不看重:"有什么好过的,现在过节和平常没什么两样。"	庆祝节日,传承感恩:"节日让我们有机会聚在一起,我们应该感恩所拥有的一切。"	文化传承和感恩
对艺术和美的欣赏	对艺术和美漠不关心:"这些艺术作品没什么实际用处。"	与孩子分享艺术带来的感动:"艺术能丰富我们的内心世界,它们值得我们去欣赏,对这一切我们要心怀感恩。"	艺术欣赏和感恩

◆ 育儿妙计

培养孩子感恩,妈妈可以这样做。

感恩小种子从"谢谢"开始

简单的一声"谢谢",就像在孩子心里种下一颗感恩的小种子。在平常生活中,我们可以温柔地提醒孩子:对小事也要说声"谢谢",比如"奶奶给了你饼干,快说谢谢呀!"每次说感谢,都是在为孩子的感恩之心浇水施肥。

哈佛大学健康中心的研究表明,常怀感恩之心能让孩子感受到生活中的美好,同时和朋友相处也会更融洽,更快乐。

再比如,孩子学会写字后,妈妈可以鼓励他们做一张感谢卡或是画一幅感谢画送给自己想要感谢的人,然后再夸夸孩子,这样的做法能让感恩的小种子长得更快!

做"感恩小侦探"游戏

我们可以带孩子做一个"感恩小侦探"的游戏。妈妈可以问问孩子:"今天你跟谁说谢谢了?你们一起做了啥?"或者"你觉得为什么有人会送你礼物呢?"多进行这样的对话,就像拿着魔法钥匙打开孩子心中的感恩之门,会让他们在不同场景中都能感受到感激之情。

"感恩小超人"行动

妈妈可以变身成为感恩小超人的教练,带着孩子一起实践感恩。比如,分担家务、帮助他人、分享快乐,这些都是感恩小超人的超能力。布朗大学的研究发现,做家务能让孩子更懂自己在家庭中的角色,也更能理解感恩的意义。比如,你可以说:"小超人,能帮妈妈把脏衣服放进洗衣筐吗?"这样久而久之,感恩小超人就能真正明白感恩的意义了。

◆ 小结

本节探讨了感恩的重要性及培养孩子感恩的实践方法。从简单的"谢谢"开始,到引导式的提问深入思考感恩,再到日常生活中的实践，每一步都是孩子感恩之心成长的宝贵养分。感恩不仅提升了孩子的社交能力和情感发展，更为他们构建了一个更加和谐、积极的人际关系环境。作为父母，要以身作则，用行动传递感恩的力量，努力让这份美好的情感在家庭和社会的每一个角落生根发芽，绽放出温暖人心的花朵。

耐心：玩拼图时，耐心寻找和拼凑

在孩子成长的过程中，让他们理解时间概念，体会延迟满足感，变得有耐心，这些都是很大的挑战。他们或许会频繁询问"还有多久"，展现出对等待的不耐烦，这并非出于自私，而是认知发展的必经阶段。面对此情景，家长需具备充足的心理准备，以耐心和理解为基石，避免将等待塑造成消极体验。具体来讲，我们应该通过自身冷静积极的态度，传递出"等待亦可成为积极体验"的信息，进一步引导孩子在等待中发现乐趣，让时间充实而有意义，从而在他们心中构建正向反馈机制，培养孩子的耐心与毅力，促进其健康成长。

◆案例分析

小雨七岁，是一个充满好奇心的女孩。她在过生日的时候得到了一件拼图礼物。

一拿到拼图,她就迫不及待地打开盒子,开始耐心地寻找和拼凑每一块图片。她仔细观察每一块图片的细节,尝试从颜色、形状、线条等多个角度去寻找它们之间的关联。在这个过程中,小雨展现出了极高的专注力和耐心,即使有些图片的边缘模糊不清,她也没有轻易放弃,而是更加仔细地寻找线索,尝试将它们拼合在一起。

小雨在拼图过程中表现出的积极情绪,源于她对游戏的热爱和对挑战的渴望。她享受拼图带来的乐趣,喜欢通过观察和思考来解决问题。这种积极情绪对她的成长和发展有着诸多好处。首先,它激发了小雨的探索欲和求知欲,让她更加愿意主动地去学习和尝试新事物。其次,积极情绪提高了她的专注力和耐心,让她在面对困难时能够保持冷静和坚持,不轻易放弃。最后,通过拼图游戏,小雨的思维能力和手眼协调能力也得到了锻炼和提升。

在拼图过程中,小雨的积极情绪表现得非常明显。她的眼神中透露出专注和兴奋的光芒,每当成功拼上一块图片时,她都会露出满意的笑容。当最终完成整个拼图时,她的脸上更是洋溢出了满满的成就感和喜悦。这种积极情绪不仅让小雨在游戏中获得了快乐和成长,也让她在生活中更加自信和乐观。

◆ 常见场景

除了案例中的情况,家长还可以在哪些场景下培养孩子的耐心呢?

○ 烹饪:学习烹饪需要时间,借由这件事让他们理解耐心的重要性,在此基础上培养他们的耐心。

○ 手工制作:在制作手工艺品时,孩子需要一步步完成。可以通过整个制作过程,让孩子体会耐心完成作品的收获和满足。

○ 学习乐器:孩子在学习演奏某种乐器时,往往需要通过反复练习逐渐掌握技巧,这种经历可以让孩子明白耐下性子才能做得更好。

○ 园艺活动:孩子参与种植和照料植物,在照料和等待植物生长的过程中,他们能够感受到耐心的重要性。

○ 阅读书籍:孩子在阅读时会不自觉地沉浸在故事中,耐心等待情节的发展。

○ 科学实验:孩子在参与完成科学实验时往往需要通过观察变化来静待结果,这一过程能够培养他们的耐心。

○ 照料宠物:孩子在参与照料家中的宠物时往往需要更多耐心。

○ 家庭日常事务：孩子通过参与家务活儿，如洗衣、打扫等，可以理解完成这些活儿需要一定时间，进而培养了他们的耐心。

○ 玩策略游戏：参与棋类游戏或其他需要策略的游戏时，孩子能够学会耐心等待、认真思考。

◆ 沟通与培养策略

"耐心"培养常见场景及策略

场景	不当表达	正向沟通	教育重点
拼图游戏	拿走拼图，忽视孩子的努力："你赶紧去学习，它根本不值得你花这么多时间。"	坐在孩子旁边提供帮助，鼓励孩子："每张拼图都有它的难度，但完成后你会很有成就感。"	专注力和解决问题的能力
烹饪	责备孩子动作慢："你这样会耽误整个烹饪过程的。"或不让孩子参与："你别在这里碍手碍脚了。"	分配适合孩子能力的任务，如洗菜或搅拌，鼓励孩子："烹饪是一个团队工作，你的参与会让这道菜更美味。"	团队合作和责任感
手工制作	批评孩子的手工作品，表示"这看起来不怎么样"，不认可孩子的创造力，比如对孩子说："你做这个东西能有什么用啊！"	赞赏孩子的努力和创意，提供具体反馈，鼓励孩子："你的作品很有个性，每次创作都是一次新的尝试。"	创造力和自信心

续上表

场景	不当表达	正向沟通	教育重点
学习乐器	只关注进度,表示"你练习得不够",不认可孩子的付出,指责孩子:"你再这样就不用学了。"	认可孩子的努力付出,提供积极的反馈,鼓励孩子:"每次练习都会让你进步一点,时间久了,我们就能取得更明显的进步。"	持之以恒
园艺活动	表现出不耐烦,表示"这些植物长得太慢了",不鼓励孩子持续照料,不屑地说:"这些花花草草有什么好看的。"	与孩子一起观察植物生长,鼓励孩子:"植物的生长是一个奇迹,你的照料对它们来说至关重要。"	观察力和关爱自然
阅读书籍	打断孩子的阅读,表示"你读得太慢了,这个速度怎么能完成这一学期的阅读量",或不重视孩子的阅读体验,对孩子说:"别浪费时间在这些闲书上。"	为孩子提供一个安静的阅读环境,鼓励孩子:"阅读是一场心灵的旅行,慢慢享受书中的世界。"	想象力和语言理解
科学实验	催促孩子,嫌孩子操作慢,埋怨孩子:"这么简单还用这么长时间!"	耐心等待孩子完成实验,与孩子一起等待结果,鼓励孩子:"科学需要耐心和时间,每个发现都值得等待。"	好奇心和科学探究

续上表

场景	不当表达	正向沟通	教育重点
照料宠物	忽视孩子对宠物的关心:"不要放这么多精力在它身上,快学习去。"	赞赏孩子的照料,提供帮助,鼓励孩子:"照料宠物是一种责任,你的关爱会让它们感到温暖。"	同情心和责任感
家庭日常事务	责备孩子没有按时完成家务,表示"你总是拖拖拉拉",不提供帮助或指导,埋怨孩子:"你连这点小事都做不好。"	与孩子一起完成家务,提供指导,鼓励孩子:"完成家务是每个家庭成员的责任,我们一起努力。"	责任感和合作精神
玩策略游戏	催促孩子快速走棋,表示"你下棋太慢了,别人都等你好半天了",不给予孩子思考的时间,埋怨孩子:"你这么慢,没人愿意跟你玩了。"	鼓励孩子思考每一步棋,提供策略建议,支持孩子谨慎决策:"策略游戏需要深思熟虑,你的每个决策都很重要。"	决策能力和战略思维

◆育儿妙计

培养孩子的耐心,妈妈可以这样做。

涂色卡、拼图和迷宫游戏

涂色卡、拼图和迷宫是许多孩子在不同成长阶段都喜爱的游戏。这三种游戏有几个共同特点,可以帮助孩子理解耐心和坚持的重要性。首先,完成这些游戏都需要一定时间,这有助于培养孩子的耐心。同时,它们很容易让孩子进入全神贯注的状态,在思考的同时还锻炼了孩子的手眼协调能力。

涂色卡适合4~8岁的孩子,而拼图则根据不同的难度适合3岁以上的孩子。我们可以根据孩子的成熟程度为他们找不同难度的拼图来进行专注力和耐心训练。迷宫则深受6~10岁孩子的喜爱。家长可以根据自家宝贝的兴趣爱好选择合适的游戏,跟他们一起玩起来吧!

具象化回答和具体活动

当妈妈在工作或者带孩子出游时,孩子可能会重复问"快完成了吗"或"快到了吗",此时我们要尽量避免用"很快""马上"这样的答复。因为孩子对时间的概念是模糊的,所以我们可以尝试用具体的信息来回答他们,比如说:"当我们到达××大楼时,就快到了"或者"你经常跟奶奶买菜的地方旁边,就是我们要去的地方",这样提供具体且孩子熟悉的地点可以帮助他们理解。

如果发现孩子在等待时失去了耐心,我们还可以使用一些视觉工具帮助他们建立直接期待。例如使用一个可见的倒计时器，这样可以在一定程度上缓解孩子的情绪。

除此之外，还可以跟孩子一起开展种植花草这类具体的活动，通过这些活动让他们亲身感受生命的成长需要时间和耐心。

信守承诺并给予鼓励

向孩子许诺后，要尽量信守承诺。未兑现的承诺可能会影响孩子对时间观念和承诺的理解。孩子天生就是模仿者，他们会观察并学习。每一次家长坚守承诺，都在向他们传递一个强烈的信号：诚信和责任感是值得珍视并实践的价值观。

不要低估鼓励和赞美在孩子成长过程中的力量。当孩子展现出耐心和等待的能力时，适时给予肯定和奖励，将会大大增强他们的自尊和自信。这样的正面反馈，不仅能让他们感到被重视和认可，还可以激励他们在未来面对挑战时展现出耐心和坚韧不拔的精神。

◆ 小结

涂色卡、拼图、迷宫游戏以及种植花草等活动，不仅是孩子成长过程中的乐趣来源，更是培养耐心与坚持的有效工具。而在日常生活中，信守承诺并给予孩子鼓励，不仅有助于他们建立正确的时间观念,培养他们的责任感,更是塑造其自尊自信、积极面对挑战的重要基石。通过这些简单而富有意义的实践,我们能为孩子的全面发展播下坚实的种子,助力他们成长为有耐心、有责任感、自信且值得信赖的个体。

喜悦：在学校项目中获得表扬

喜悦，是一种温暖而明亮的情绪，常常在不经意间点亮孩子的心灵。它可能源自一次小小的成功，一个温暖的拥抱，或是一次与朋友的欢笑。作为妈妈，有机会成为孩子喜悦时刻的见证者和参与者。通过积极的态度和适时的鼓励，妈妈不仅能够增强孩子的幸福感，还能帮助他们建立积极乐观的生活观。让我们一起走进孩子的世界，发现那些激发喜悦的瞬间，并教会他们珍惜和分享这些快乐的时刻。

◆ 案例分析

光仔读小学四年级，平时成绩中等，但开朗、充满活力。最近，他在学校里取得了好成绩，完成了一项对他来说相对较难的数学测试，得到了老师的表扬和同学们的认可。

他拿着那份满是红钩的试卷回家时，脸上洋溢着无法掩饰的喜悦，眼睛里闪烁着自豪的光芒。光仔一进门就迫不及待地与父母分享了这个好消息,言语中充满成就感,还兴奋地展示了老师给他的特别奖励——一本精美的数学课外书,这对他来说既是荣誉的象征,也是未来学习的动力。

孩子之所以能有如此积极的情绪表现,主要有以下几点原因:首先,获得好成绩和完成艰难任务本身就是一种自我实现的体验,这极大地增强了他的自我效能感,让他感受到自己有能力面对挑战并取得成功。其次,老师的表扬和同学的认可作为一种社会支持,满足了光仔归属感和被尊重的心理需求,这种正面的社会反馈进一步激发了他的内在动机,使他更加乐于投入到后续的学习中去。最后,得到特别奖励不仅是对他努力的肯定,也成了一种外在的激励,促使他将这份成就感转化为持续进步的动力。

这种积极的情绪体验对光仔的成长有着多重好处,不仅增强了他的自信心,还培养了他面对困难坚韧不拔的毅力。同时,积极的情绪状态有助于提升他的学习效率和创造力,为未来的学习和生活打下坚实的基础。

◆ 常见场景

除了案例中的情况,孩子还可能在哪些场景下获得喜悦情绪呢?

〇 户外活动:孩子在公园或郊外享受大自然的美景,或是

积极的情绪或优秀的品质

参加游乐园活动。

○ 艺术创作：孩子通过绘画、音乐或其他形式的艺术表达自己，并得到认可。

○ 运动和游戏：孩子参与体育活动获得名次或与朋友玩耍时赢了游戏。

○ 阅读有趣的书籍：孩子阅读富有想象力的故事书，从书中获得了乐趣。

○ 被允许养宠物：孩子被允许养宠物，如小狗或小猫。

○ 学会新技能：孩子学会了骑自行车、游泳等新技能。

○ 社交活动：孩子在生日派对或其他社交活动中与朋友共度愉快时光。

○ 参与志愿服务：孩子参与社区服务，帮助他人，得到他人真诚感谢。

◆ 沟通与培养策略

"喜悦"情绪培养常见场景及策略

场景	不当表达	正向沟通	教育重点
庆祝成功	忽略孩子的成绩，轻描淡写道："这没什么特别的，作为学生，好好学习是你的本分。"	举办小型庆祝会，对孩子的努力表示肯定："我们看到了你的努力和进步，为你取得的成绩感到高兴，你做得很好！"	自尊和自信

续上表

场景	不当表达	正向沟通	教育重点
户外活动	限制孩子:"不能去那儿玩,把衣服都弄脏了。"	计划户外活动,鼓励探索:"让我们去发现大自然的美丽。"	探索精神
艺术创作	贬低孩子的艺术作品:"这看起来不怎么样啊!"	展示孩子的作品,赞赏创意:"你的创造力让人印象深刻,能具体解读一下这件作品吗?"	创造力和自我表达
运动和游戏	阻止孩子参与体育活动,担心受伤:"不准做这个运动,太危险了。"	鼓励参加安全的体育活动:"表现不错,妈妈为你感到高兴。"	身体协调性和团队精神
阅读有趣的书籍	忽视孩子的阅读兴趣,认为无关紧要:"这些书都是闲书,赶紧背课文去。"	推荐书籍,共享阅读体验:"这本书看起来很有趣,你能给我简单讲讲吗?"	阅读兴趣和知识拓展
被允许养宠物	不允许孩子养宠物,认为麻烦:"宠物身上有味道,养它很麻烦。"	一起选择宠物,承担照顾责任,引导孩子:"宠物会成为我们家庭的新成员,我们要好好照顾它。"	责任感和关爱生命
学会新技能	埋怨孩子学习过程中出现的问题:"告你不能那样做,你怎么还那样?!"	认可学习过程中的进步和努力:"这么短时间就已经取得了如此大的进步,你的努力得到了回报。"	学习动力和坚持不懈

续上表

场景	不当表达	正向沟通	教育重点
社交活动	阻止孩子参加社交活动，认为浪费时间："每天就知道玩，不准去，学习去。"	支持孩子参与，促进社交："该学学，该玩玩。和朋友在一起的时光很宝贵，要珍惜。"	社交能力
参与志愿服务	怕耽误了孩子的学习："千万别因为这些事影响学习啊！"	参与孩子的志愿活动，表达赞赏："帮助他人是高尚的行为。"	同情心和社会责任感

◆ 育儿妙计

培养孩子的喜悦情绪，妈妈可以这样做。

爱是快乐的魔法棒

爱是让孩子心里开出快乐小花的最神奇魔法棒。和孩子建立情感联结，其实超简单，比如日常的小互动、回应他们的笑容、穿衣时聊聊天等。另外，别忘了多对孩子说"我爱你"，就像睡前的贴心话语："晚安，宝贝，妈妈爸爸爱你哦！"这样的话语能让孩子的喜悦情绪立刻涌满怀。

热爱比玩具更宝贵

猜猜看，什么能让孩子更快乐？是满满的玩具箱，还是一颗真心热爱的小蜡笔？当然是后者啦！不用给孩子买太多东西,你只需要了解他们内心热爱的东西,听听他们的小想法,其实获得的喜悦是一点也不少的。

研究发现,玩具不那么多的时候,孩子反而更有创意,玩得更开心。就像某一部动画片里的小朋友选择了最爱的蜡笔,那一天的快乐就满满当当。这说明,拿到自己真心喜爱的东西,比抱着一大堆玩具更能带来喜悦情绪。

快乐百宝箱的小秘密

想让孩子的快乐随时在线,那就跟孩子一起打造一个快乐百宝箱吧。这个箱子,可以是现成的,例如冰箱。让孩子把喜欢的歌曲写在纸条上,然后贴在冰箱上;也可以贴上自己喜欢的卡通人物冰箱贴。当然,如果家里有多余的小箱子,也可以专门做成"百宝箱",把孩子所有喜欢的东西都收进来。甚至家里的书柜等,都可以是百宝箱,比如把出游的照片、比赛的奖杯都摆在书柜上,让孩子一抬头就能看到,喜悦的情绪也会一直满满环绕。在孩子不开心的时候,我们可以让他们看一看、翻一翻百宝箱,快乐就可能回来啦。

◆ 小结

通过本节探讨不难发现，喜悦并非遥不可及，它源自生活中的点点滴滴。爱是开启孩子快乐之门的钥匙，而记录快乐，则是让这份快乐得以延续和升华的宝贵方法。让我们从现在开始，用心去感受和创造快乐，与孩子一同书写属于我们的喜悦篇章。

乐观：班级表演中乐当路人甲

乐观，是一种力量，一种即使在逆境中也能发现希望和机会的力量。培养乐观的态度，对孩子来说，是一份宝贵的人生礼物。作为妈妈，我们可以通过塑造积极的家庭氛围、鼓励孩子面对挑战时正向思考，以及通过日常生活中的点点滴滴，来培养孩子的乐观态度。

◆案例分析

小杰最近参与了班上的课本剧表演，扮演一个不起眼的路人甲角色。排练过程中，小杰从最初的紧张不安，渐渐变得兴奋而投入。在表演当天，他站在舞台上，虽然只是简单地走过场，但脸上的笑容无比灿烂，眼中闪烁着前所未有的光芒。演出结束后，他兴奋地与家人分享着每一处细节，言语中充满了对这次体验的喜爱和自豪。

参与艺术和创造性活动本身就能够激发人的内在动力和创造力,这也让小杰有机会以不同的方式表达自己。尽管他扮演的是非常小的角色,但站在舞台上的经历让小杰感受到了被看见和被听见的喜悦,归属感和社会认同感的增强极大地提升了他的幸福感。再者,通过克服内心的恐惧和挑战自我,小杰体验到了成长的喜悦,这种成就感是他积极情绪的重要来源。

不在意是不是主角的乐观不仅让小杰学会了在团队中找到自己的位置,而且学会了合作与分享。更重要的是,小杰意识到每个人的存在都有其独特的价值,即使是最小的角色也能为整体增添光彩。这种积极的心态和自我效能感的提升,无疑将为小杰未来的学习和生活铺就一条更加光明的道路。

◆ 常见场景

除了案例中的场景,还可以在哪些场景下培养孩子的乐观情绪呢?

○ 家庭支持:让孩子在家庭中感受到无条件的爱和支持,让他们知道无论遇到什么困难,家人都会在身边。

○ 成功体验:孩子在完成任务表现良好或是在学业或个人项目中取得成功时,收到老师或妈妈的积极反馈,体验到努力的成果,就很容易产生乐观情绪。

○ 社交互动：孩子在与朋友和同伴的互动中感受到友谊和归属感。

○ 参与决策：孩子在家庭或学校决策中有机会发表自己的意见，并看到自己的意见被考虑或采纳。

○ 新技能掌握：孩子学会了一项新技能，比如骑自行车、绘画或弹奏乐器，有利于促进他们自信与乐观的形成。

○ 克服挑战：孩子在面对并克服生活中的小挑战后，感受到成就感和自信。

○ 积极榜样：孩子有积极的榜样，如妈妈、老师或公众人物，他们的行为和态度激励孩子凡事可以更乐观。

○ 竞技活动：孩子参与体育比赛或活动，通过运动释放能量，提升情绪。

◆ 沟通与培养策略

"乐观"培养常见场景及策略

场景	不当表达	正向沟通	教育重点
参加班级活动	忽视孩子的参与："这个角色都可以忽略掉了，下次别参加了，还不如多学习会儿。"	肯定孩子的尝试："你今天在舞台上表现得很勇敢，我为你感到骄傲。"	自信心和参与感

续上表

场景	不当表达	正向沟通	教育重点
家庭支持	在孩子需要时不在身边："你都这么大了,不要总黏着我。"	提供情感支持："无论发生什么,我们都支持你。"	安全感
成功体验	轻视孩子的努力："这点小成绩不算什么,你应该做得更好。"	庆祝孩子的成功："你做到了,这是你努力的结果。"	成就感和自我激励
社交互动	限制孩子与朋友的交往："别总和他们混在一起,你要跟学习好的同学玩。"	鼓励社交："平时忙于学习,难得和朋友一起聚会,好好享受吧!"	社交技能
参与决策	忽略孩子的意见："小孩子懂什么?"	重视孩子的观点："你的想法很重要,我们想听听你的意见。"	参与感和自尊心培养
掌握新技能	看不到孩子的努力："你做得还远远不够。"	支持孩子学习："学习一项新技能对你来说很有意义,我看到了你的努力和进步,继续加油!"	学习能力和自我成长
克服挑战	忽视孩子的努力："这点小事不是你应该会的吗?"	表扬孩子的坚持："你克服了这个挑战,真棒!"	适应力和解决问题的能力

续上表

场景	不当表达	正向沟通	教育重点
积极榜样	在孩子面前表现悲观:"你这样下去就完了!"	积极面对问题,为孩子树立好榜样,鼓励孩子:"塞翁失马,焉知非福,这对我们来说也许是一次转机。"	乐观、积极向上
竞技活动	批评孩子的表现:"你跑得太慢了。"	鼓励孩子参与:"参与就是胜利,你已经做得很好了。"	竞技精神和身体协调性

◆ 育儿妙计

培养孩子的乐观心态,妈妈可以这样做。

种下积极肯定又自信的小种子

妈妈的积极肯定就像魔法种子,能让孩子的自信心噌噌往上涨。在夸孩子的时候,要真心实意,比如,可以夸他们的独特、努力和进步,而不仅仅只是为了让他们听话。

在生活里,可以试试这样说:"宝贝,你把乐高和书桌都收拾得整整齐齐,真是一个爱整洁、有条理的孩子!"还可以和孩子一起大声说:"我是独一无二的,我做得很棒!"这样,孩子的自信小树苗就能长得更快,孩子也会因此而变得更加乐观。

发现爱好，拥有快乐的小源泉

有爱好的孩子，心里就像有个快乐的小泉眼，总是咕嘟咕嘟冒着快乐的泡泡。妈妈要支持孩子去探索各种兴趣，一旦发现他们对什么特别感兴趣，就鼓励他们去尝试、去探索。比如，孩子最近总是盯着那本太空书，就可以说："宝贝，你这么喜欢太空啊，那我们去书店多找几本太空书吧！"

做好合理预期，迈开轻松的小步伐

妈妈别给孩子太大的压力，要知道，追求完美可不是件轻松的事。可以告诉孩子，学习就像探险，重要的是过程，不是结果。就算失败了，也能学到很多东西，让自己变得更强大。医学博士约翰·凯利认为，完美主义可能是因为焦虑或自信不够。所以，妈妈要放松点，可以对孩子说："学新东西总会有困难，一点点探索，别急，我们慢慢来。"同时，妈妈也要真实表达自己的情绪："妈妈今天工作好累啊，但是看到你，妈妈就好开心！"放松下来，真实表达自我，这样，孩子也能无形中学到乐观的态度，自然而然地模仿家长。

◆ 小结

本节探讨了妈妈如何通过积极肯定、发现并培养孩子的爱好,以及树立合理的预期来培养孩子的乐观情绪。这些方法不仅能够帮助孩子建立自信、提升快乐感,还能减轻他们的焦虑和压力。更重要的是,妈妈在实践这些方法时,也在以身作则,向孩子展示了乐观的态度,进而让孩子在潜移默化中学会乐观面对生活的挑战。通过这样的互动,妈妈与孩子共同成长,共同创造了一个更加积极、快乐的家庭环境,这样的环境对孩子的成长来说无疑是很有意义的。

珍惜：回到家后抓紧时间写作业

在孩子的世界里，每一片落叶、每一朵云彩，都蕴藏着值得珍惜的瞬间。作为妈妈，有责任引导他们发现并珍视这些瞬间，让珍惜成为他们心灵的一部分。妈妈不仅要教会他们如何去爱，更要教会他们如何去珍惜。珍惜时间，珍惜亲情，珍惜友情，甚至珍惜那些失败和挫折带来的教训。通过珍惜，孩子能够学会在生活的每一个角落发现价值。

◆ 案例分析

小米读小学五年级，最近参加了一个特别讲座：一位知名的时间管理专家来给孩子们上课，课上生动有趣地讲解了时间的宝贵以及如何合理安排时间。小米听得津津有味，那些关于时间管理和珍惜当下的理念深深触动了她。

放学后，妈妈发现小米没有像往常那样立刻去玩耍，而是自觉坐到书桌前认真写作业。妈妈好奇地问:"小米,今天怎么这么主动写作业呀?"小米抬头,眼里闪着光说:"妈妈,我觉得时间很宝贵,我想快点写完作业,然后就有更多时间做我喜欢的事情了,比如画画和弹古筝。"妈妈听后,为小米竖起了大拇指。

小米之所以能有这样的积极情绪和行为表现,背后的心理机制值得深入探讨。

首先,她开始意识到时间的稀缺性和不可逆性,这是一种重要的认知发展。她逐渐明白,时间一旦流逝就无法挽回,因此更加珍惜每一分钟。这种对时间的深刻理解促使她更加专注于当下,行动也更有目的性。

其次,小米学会了合理安排时间,这是一种重要的自我管理能力。她开始规划自己的学习和娱乐时间,确保能够高效地完成作业,同时也有足够的时间享受个人爱好。这种自我管理能力让她感受到掌控生活的乐趣,增强了自我效能感。当她发现自己能够有效利用时间,既完成学业任务又享受个人生活时,内心的成就感和满足感油然而生。

最后,小米的行为还反映出她良好的自我驱动和责任感。她不需要妈妈的催促就能自觉地完成作业,这显示出她对自己的学习和生活有着明确的规划和期望。这种自我驱动和责任感对于她的长期发展和成功至关重要,将帮助她在未来的学习和生活中不断前行,实现自我价值。

小米对时间的珍惜不仅让她更加高效和自律,还为她带来了积极的情绪体验。她感受到了成就感、满足感和快乐感,这些积极的情绪将进一步激发她的学习动力和创造力。同时,她也学会了如何在有限的时间内平衡学习和娱乐,保持身心健康。这种对时间的积极态度和管理能力将成为她人生旅途中的宝贵财富,帮助她在未来的挑战和机遇中不断成长和进步。

◆常见场景

除了案例中的情况,我们还可以在哪些场景下培养孩子的珍惜品质呢?

○ 家庭团聚:让孩子在家庭聚会中体验到家人相聚的难得和温馨。

○ 友情的陪伴:孩子能从与朋友的互动中,感受到友情的陪伴和支持。

○ 珍惜自然资源:当孩子在户外活动时,可以引导他们了解自然资源的有限,进而学会珍惜。

○ 食物来之不易:通过了解食物的制作过程及食材来源,孩子可以感受到食物的来之不易。

○ 珍惜健康的身体:让孩子了解健康的重要性,学会珍惜自己的健康身体。

○ 参与旧物改造或回收：鼓励孩子参与旧物改造或回收活动，让他们学会珍惜物品和资源。

○ 文化遗产的传承：孩子通过接触文化遗产或了解家族故事，学会珍惜和传承。

○ 宠物的陪伴：在孩子与宠物的互动中，让他们感受到宠物陪伴的珍贵和独特。

○ 日常的简单快乐：告诉孩子，在日常生活中，我们应学会珍惜眼前的简单快乐和美好时刻。

◆ 沟通与培养策略

"珍惜"品质培养场景及策略

场景	不当表达	正向沟通	教育重点
感受时间的价值	催促、埋怨孩子："天天慢吞吞的，你一回来就写就不会是现在这样了。"	提醒孩子时间的宝贵："让我们把时间用在刀刃上，高效完成作业，这样才能有更多时间做自己喜欢做的事。"	时间管理和效率提升
家庭团聚	取消家庭聚会，对孩子说："聚会太麻烦了，没时间准备，下次再说。"	珍惜家庭时光："家庭聚会让我们的心更近，是值得珍惜的时刻。"	家庭凝聚力和亲情陪伴

续上表

场景	不当表达	正向沟通	教育重点
友情的陪伴	忽视孩子的朋友："不准带朋友到家里玩,这是在打扰他人。"	鼓励孩子与朋友相处："朋友是生活带给你的礼物,珍惜缘分,享受与他们相处的时光吧!"	社交技能、珍惜友情
自然资源的利用	浪费水资源,随口说："这点水不算什么,别人浪费更多呢!"	教育孩子节约用水："每一滴水都是大自然的恩赐,我们应该珍惜。"	环保意识和资源节约意识
食物的来之不易	对浪费食物不以为然："不喜欢就丢掉吧!"	教导孩子感恩食物："食物是农民辛勤劳动的结晶,我们要珍惜。"	感恩和珍惜
健康的重要性	忽视孩子的健康问题："小小年纪,身体能有什么问题?!"	关注孩子的健康："健康是一切的基础,我们应该好好照顾自己的身体,珍惜健康的身体。"	健康意识和自我保健
物品的再利用	随意丢弃旧物品："旧的不去,新的不来。"	鼓励孩子回收利用旧物品："让我们给予这些物品新的生命,发挥它们的潜力。"	创造力和资源循环利用
文化遗产的传承	对文化遗产不感兴趣："那些都是老掉牙的东西,没用。"	带孩子了解文化遗产："它们是老祖宗留给我们的宝贵财富,是我们的根,我们要一代代传承下去。"	文化认同

续上表

场景	不当表达	正向沟通	教育重点
宠物的陪伴	不允许孩子养宠物："宠物又臭又麻烦,养了你照顾它吗?"	支持孩子与宠物建立联系："宠物是我们的忠实朋友,它们的陪伴是无价的。"	爱心和责任感
日常的简单快乐	忙碌中忽略生活小确幸："正事还忙不过来呢,哪有时间关注这些小事!"	与孩子分享生活的快乐："这些简单的快乐是我们生活中的美好瞬间,值得我们珍惜。"	幸福感、珍惜当下

◆ 育儿妙计

培养孩子珍惜的品质,妈妈可以这样做。

时间感知从娃娃抓起:大自然的时钟滴答响

你知道吗?小宝贝们早在四个月大就能感受到时间的脚步啦!到了三岁,他们就像拥有了小小的时间感应器一样能和大人一样感知时间。家长可以利用大自然这个神奇的"时钟",比如引导孩子关注花儿慢慢开放,太阳公公"早出晚归",并通过这些现象,告诉孩子时间的宝贵。除此之外,还可以在孩子的每个生日拍个小视频,让他们看到自己一点点长大,感受时间真的在慢慢流逝。

生活作息有规律:让好习惯成为时间的小卫士

研究发现,生活有规律的小朋友,成长过程中时间管理能力会更强,注意力也会更集中。平时可以多和孩子聊聊"早上""下午""晚上",让孩子知道一天里不同时间有不同的事情要做。

孩子到了学龄期,对数字、环境、时间更敏感了,这可是教他们认识时间的好时机。妈妈可以带孩子一起探索时间,制订自己的时间表,让他们掌握生活的节奏,这样学习和生活也会更轻松。可以用彩色笔标注,让学习时间表变得五彩斑斓,相信这样的时间表孩子也会更喜欢!

小学阶段很关键,家长要有意识地培养孩子养成早起、早睡,按时完成作业,闲时多运动的好习惯,还可以结合孩子的爱好将兴趣培养也纳入时间计划,比如在固定时间里弹弹琴、跳跳舞,既充分利用了时间,又让生活充满了乐趣。

青少年时期要独立:生活的船自己来掌舵

家长可以和孩子聊聊上学的意义,让他们知道学习的机会多么难得,一定要好好珍惜,在此基础上鼓励他们自己规划学习。

珍惜是一场长久的付出

珍惜,可不是说说而已,也不是一时的热情。珍惜体现在生活的方方面面,比如按时睡觉、记录生活的点滴、合理花零用钱、珍惜家人和朋友之间的情感、珍惜自然资源等。培养孩子的珍惜心态,需要我们长期不懈的努力和陪伴。一起加油吧,让珍惜品质成为孩子最宝贵的财富!

◆ 小结

珍惜,是一种生活态度和价值观的体现,它为孩子的成长奠定了坚实的基础。珍惜时间,让孩子学会了合理规划生活学习、不虚度光阴,在有限的时间里汲取知识、提升自我,为未来积累能量;珍惜亲情友情等情感,让孩子收获温暖和力量,拥有良好的人际关系。懂得珍惜,孩子会更用心感受生活的美好,以感恩之心面对世界,让自己成为一个温暖的人。

勇敢：学会表达不同意见

在孩子的成长旅程中，勇敢是一种宝贵的品质，能帮助他们克服恐惧，迎接挑战。正如蹒跚学步的孩童勇敢地松开父母的手，独自迈出第一步，我们鼓励孩子在生活的每一个转折点展现他们的勇气。当他们通过勇敢学会自我探索，学会在逆境中寻找成长的机会时，相信今后无论遇到何种风浪，他们都能拥有坚强的心，劈波斩浪一路前行。

◆ 案例分析

小区游乐场，五岁的朵朵正和几个孩子玩过家家。大家商量角色分配时，大两岁的乐乐强势宣布："我要当妈妈，朵朵当宝宝！"其他孩子都点头附和，但朵朵攥着小拳头没吭声。

站在一旁的妈妈发现她眼眶发红，蹲下来轻声问怎么了。

朵朵小声说："其实我想当兽医，给毛绒玩具看病……"

"那你要告诉大家呀。"妈妈鼓励道。

朵朵摇摇头,往妈妈身后躲:"乐乐姐姐会生气……"

这时乐乐已经拿着听诊器塞过来:"宝宝该体检啦!"

眼看朵朵要接过道具,妈妈轻声提醒:"还记得《勇敢的小企鹅》吗?"那是朵朵最爱的一本绘本,讲小企鹅坚持自己游泳方式的故事。朵朵突然把听诊器放在泰迪熊肚子上:"我今天要当兽医!我可以给泰迪看病吗?"空气凝固了几秒,没想到乐乐眼睛一亮:"那我的宝宝泰迪生病了!"其他孩子立刻抱着玩具围过来,游戏反而更热闹了。

回家路上,朵朵蹦跳着对妈妈说:"我说要当兽医的时候,心跳像打鼓一样响!"这个平时在绘本角都要挨着妈妈坐的孩子,此刻头发丝都透着亮晶晶的骄傲。

后来妈妈发现,这次经历像一把小钥匙——现在朵朵会在爷爷喂太多零食时说"肚肚装不下啦",在兴趣班被安排到不喜欢的颜色时举手请求更换。

在孩子成长的过程中,他们第一次表达异议往往像朵胆怯的蒲公英,家长要做的不是代替他们说出主张,而是成为那阵托住种子的微风。当朵朵偷瞄妈妈时,妈妈刻意低头系鞋带不介入;当她声音发颤时,妈妈用绘本角色无声鼓励。这些细小的"不作为",恰恰给了勇气破土而出的空间。

◆ 常见场景

除了案例中的情况,我们还可以在哪些场景下培养孩子的勇敢品质呢？

○ 夜间独自睡觉:让孩子慢慢尝试独自在夜间睡觉,克服夜间的恐惧,这样有助于增强独立和自信。

○ 受了小伤时:孩子在受小伤时学会冷静处理,勇敢面对伤痛有助于理解并克服生活中的困难。

○ 参与竞技活动:孩子参加足球、篮球等竞技活动,通过积极应对竞技中的挑战,可以培养孩子面对压力、竞争的勇气。

○ 参加公开演讲或表演:孩子在学校或社区活动中进行公开演讲或表演,锻炼面对观众的勇气。

○ 遇到问题时:鼓励孩子在遇到问题时自己寻找解决方案,比如遇到学习上的难题时不放弃,增强独立自主性、勇气和自信。

○ 学习新技能:孩子学习骑自行车、游泳等新技能,通过屡次失败和尝试培养其勇气和韧性。

○ 探索未知领域:带孩子多参与户外探险或科学实验。探索未知能够激发好奇心,培养孩子勇敢的品质。

○ 面对家庭变化：孩子在家庭经历变化如搬家或新生儿到来时表现出适应性。勇敢适应变化有助于培养韧性。

○ 参与社交活动：孩子在参加生日派对或社交活动时主动与人交往，通过互动锻炼社交勇气。

◆ 沟通与培养策略

"勇敢"品质培养场景及策略

场景	不当表达	正向沟通	教育重点
在与他人意见不合时	压制孩子的意见："你的想法不现实，按我说的做。"	肯定孩子的独立思考："你的观点很有见地，我们来进一步讨论下。"	主动思考和批判性思维
夜间独自睡觉	延迟孩子的独立："你还小，一个人睡觉还太早。"	逐步引导孩子独立："我们可以一起制订一个计划，让你逐渐习惯独自睡觉。"	独立性和自我管理
受了小伤时	过度保护："你总是这么不小心，让我来处理。"	教孩子自己处理伤口："我们先一起看看怎么清理这个小伤口，给它消毒，然后再包扎。"	自我护理和冷静应对
参与竞技活动	避免孩子参与，担心受伤："你不准参加这种危险的活动。"	鼓励孩子参与并享受过程："在竞技活动中，重要的是参与和尝试，结果不重要，但要注意安全。"	安全意识和抗压能力

续上表

场景	不当表达	正向沟通	教育重点
参加公开演讲或表演	嘲笑孩子的紧张："你太胆小了,不适合上台。"	增强孩子的自信,鼓励孩子："站在台上展示自己是一种勇敢的行为,我们来练习一下。"	自信心
遇到问题时	立即接手孩子的问题："你太小了,解决不了。"	培养孩子解决问题的能力,引导孩子："让我们一起来看看有哪些解决这个问题的方法。"	问题解决和自主学习
学习新技能	对孩子没信心,劝说道："学这么多次都学不会,要不放弃吧!"	赞赏孩子的坚持："学习新技能需要时间,你的努力值得赞扬!"	坚持不懈
探索未知领域	限制孩子的探索欲望："那些太危险了,不准去做。"	支持孩子的好奇心："探索新事物很有趣,希望你能有新发现。"	探索精神和创新能力
面对家庭变化	忽视孩子对变化的不适应,要求孩子："你现在当哥哥了,就要让着弟弟。"	与孩子共同适应变化："家庭变化是新的开始,我们一起慢慢适应。"	适应能力和情绪调节能力
参与社交活动	阻止孩子参与社交："学还学不过来呢,你有时间参加那些活动吗?"	鼓励孩子参与社交："在社交活动中,我们可以认识新朋友,学习如何与人相处。"	社交勇气和人际交往能力

◆ 育儿妙计

培养勇敢品质,妈妈可以这样做。

以身作则,共同面对恐惧

勇敢并不意味着无所畏惧,而是在感到害怕时依然选择面对。作为妈妈,无法陪伴孩子一生,但可以让他们知道,他们可以比自己想象的更勇敢。勇敢的人不是不感到恐惧,而是有信心战胜恐惧。

帮孩子学会面对恐惧,而非让恐惧阻碍他们,是成长中的重要一课。要做到这点,父母就得以身作则。当孩子表现出恐惧情绪时,我们要做好榜样,引导孩子正确认识引发恐惧的事物,在此基础上培养孩子勇敢的品质。

用故事激励,培养自我鼓励的小火苗

除了陪伴,还可以用故事激励孩子。比如,童话故事里的小熊尼奥很害怕上音乐课,但老师告诉他,可以自己给自己鼓掌打拍子,最终他克服了恐惧,感受到了音乐的乐趣。这样的故事能让孩子学会自我鼓励,从而在面对困难时更有勇气。

而当孩子有勇敢的表现时,妈妈也别忘了及时鼓励,比如他们第一次勇敢地骑上自行车时,就一定要好好夸夸:"哇,你没有用辅轮也能保持平衡,真厉害!"

战胜恐惧需要练习

要想战胜恐惧,具备勇敢的品质,就要在生活中不断练习。著名钢琴家拉杜·鲁普每次演出前都会紧张,但他并未因此放弃,而是选择了勇敢面对,最终在钢琴界获得了好成绩。

当孩子害怕时,妈妈别说"别怕,没什么可怕的",这样的话语并没有实质性帮助。相反,要理解他们的害怕,引导他们思考恐惧的根源,并一起寻找解决方案。比如,孩子因为要去新学校而紧张,就可以带着他们提前参观学校,熟悉环境,以此来缓解害怕。

尝试新事物

离开舒适区,面对未知,是成长的必经之路。我们可以从孩子感兴趣的事物入手,邀请他们一起尝试新活动,比如学习新乐器或运动,并在过程中更加关注与重视过程,而非结果,告诉孩子犯错也是学习的机会。当孩子说"我学不好"时,别急着催促,而是引导他们分享感受,再一起寻找解决办法。比如,可以从他们擅长的科目入手,再慢慢过渡到他们觉得难的部分,在此基础上一步步寻找克服困难的方法。

◆ 小结

本节探讨了妈妈如何培养孩子的勇敢品质。通过以身作则、故事激励、接受恐惧并在实践中多去练习,以及鼓励尝试新事物等策略,妈妈可以有效地帮助孩子学会勇敢。记住,勇敢不是不感到害怕,而是在害怕面前依然选择面对和成长。让妈妈陪伴孩子,助力他们成长为更勇敢、更有勇气的人吧!

宽容：二宝抢哥哥/姐姐的玩具

在孩子的世界里，宽容意味着学会释怀小矛盾，拥抱多样性以及在不完美中发现成长的机会。每个年龄段的孩子对于宽容的理解都有所不同。虽然宽容对每个人来说都是一个棘手的话题，但根据孩子的年龄，我们可以把这一词汇跟小朋友们熟悉的场景结合在一起，让宽容这种美好的品质，润物细无声地渗透到他们生活中。通过培养宽容品质，孩子能够与他人建立起更加和谐的人际关系，学会在差异中寻找共鸣，从而在相互尊重和理解中进步。

◆ 案例分析

五岁的糖糖最近有了新烦恼——两岁的弟弟总爱抢她正在玩的玩具。这天她刚搭好乐高城堡，弟弟就摇摇晃晃地冲过来，"哗啦"一声推倒了作品。糖糖气得小脸通红，举起积木就要打弟弟,被妈妈及时拦住。

妈妈没有急着批评任何一方,而是先抱住哭泣的糖糖:"城堡被推倒一定很难过。"等糖糖平静些,妈妈拿出相册,"你看,这是你两岁时把爸爸的模型飞机折了,当时爸爸是怎么做的?"照片里爸爸正握着糖糖的小手一起修复飞机。糖糖嘟囔着:"爸爸说我还小,不是故意的……"

第二天,妈妈准备了"特别时光盒",里面装着糖糖婴儿时期最爱的摇铃、咬胶。"这些都是你小时候的宝贝,现在给弟弟玩好不好?"糖糖惊讶地发现,弟弟抱着她旧玩具的样子,和她照片里的表情一模一样。周末全家玩"交换游戏",糖糖用弟弟的软积木搭房子,弟弟玩她的过家家餐具,妈妈趁机引导:"被弟弟弄坏的东西,我们能不能像修飞机那样一起修好?"

现在糖糖会主动把旧玩具放在弟弟够得着的地方,还在自己的乐高桌旁给弟弟准备了安全区域。虽然弟弟偶尔还是会搞破坏,但糖糖学会了像爸爸当年那样,先深呼吸,再拉着弟弟的小手说:"这个不能碰,姐姐教你玩那个。"

处理手足冲突时,切忌比较"谁更懂事"。案例中妈妈没有要求姐姐"让着"弟弟,而是通过唤起被宽容的记忆(爸爸修飞机)、建立共情(婴儿玩具展示)、创造共赢场景(交换游戏)来自然引导。这种"三级阶梯法":接纳情绪→建立联结→共创方案,比单纯说教更能培养真正的宽容。

◆ 常见场景

孩子在哪些场景下更容易收获宽容品质呢？

〇 兄弟姐妹间的争执：当孩子与兄弟姐妹争夺关注或物品，如争宠或争抢电视遥控器时，可以顺势引导他们要友善与宽容。

〇 同伴间的小冲突：孩子与朋友发生小摩擦，如分享玩具或轮流玩游戏时出现争执之类的事件，那么可以在解决问题之后与孩子交流，告诉他们宽容的意义。

〇 对待不同观点：如果孩子在课堂讨论或团队项目中遇到与自己意见相悖的同学，可以从事件中教授他们宽容。

〇 接受他人的不同：孩子在学校与具有不同文化背景或兴趣爱好的同学互动，这些互动能让孩子看到一个多元的世界，进而培养自身宽容的品质。

〇 原谅无心的过错：孩子被朋友无意中冒犯，如被泄露秘密或在游戏中被忽视时，家长可以共情孩子的感受并尝试沟通，努力让他们原谅对方的无心之失。

〇 当家人无法满足自己时：孩子希望妈妈能参与某项活动，但妈妈因工作忙碌无法满足其要求时，家长可以认真诚恳地向孩子表达歉意,并借此事件争取孩子的宽容。

○ 包容朋友的缺点:孩子发现朋友的小缺点,如不守时或偶尔自私时,家长可以借此引导孩子宽容他人。

○ 接纳自己的不完美:如果孩子在绘画或体育活动中意识到自己的技能不足,产生了自卑,可以借由事件跟孩子谈心,引导他们宽容看待自己,接纳自己的不完美。

○ 尊重家中长辈的传统观念:孩子面对家中长辈坚持的传统习俗或生活习惯,如果有不适应或不喜欢,妈妈可以做出理解并引导,告诉孩子老一辈人的习惯缘由。

◆ 沟通与培养策略

"宽容"品质培养场景及策略

场景	不当表达	正向沟通	教育重点
兄弟姐妹间的争执	偏袒一方:"你是哥哥/姐姐,就应该让着他。"	教导孩子以正确的方式去争取:"不是自己的东西不可以硬抢,想要玩得先询问和请求。"	公正和责任感
同伴间的小冲突	忽略孩子的感受:"这点小事别在意。"	鼓励孩子理解他人:"每个人都有自己的情绪,我们可以试着在他冷静下来后再和他沟通。"	同理心和解决冲突的能力

续上表

场景	不当表达	正向沟通	教育重点
对待不同观点	轻视孩子的观点:"你的想法太幼稚了。"	尊重孩子的想法:"不同的观点可以让我们更全面地看问题。"	尊重多样性和开放思维
接受他人的不同	不理解孩子同伴的行为:"他这么做真奇怪。"	鼓励孩子接纳差异:"每个人都是独一无二的,我们应该学会互相尊重。"	接纳多样性、包容他人
原谅无心的过错	责备孩子不够大度:"你怎么这点小事还记着!"	引导孩子宽容他人:"无心的过错可以被原谅,这是成长的一部分。"	宽容和情绪调节能力
当家人无法满足自己时	忽视孩子的感受:"我们这么忙,还不是为了你。"	与孩子沟通无法满足他们的原因:"我们无法满足你所有的要求,希望你能理解,但我们会尽力。"	理解力和适应能力
包容朋友的缺点	嘲笑朋友的缺点:"你的朋友反应有点迟钝。"	鼓励孩子看到朋友的长处:"每个人都有优点和缺点,我们应该全面看待。"	社交智慧和友谊维护
接纳自己的不完美	埋怨孩子的错误:"你怎么总是犯错?!"	引导孩子接受不完美:"错误是我们学习的机会,没关系的,重要的是我们学会改正。"	自我接纳和学习力

续上表

场景	不当表达	正向沟通	教育重点
尊重家中长辈的传统观念	轻视长辈的传统:"那些都是过时的东西。"	引导孩子尊重传统:"传统包含了祖辈的智慧,我们可以从中学习。"	尊重和传承

◆ 育儿妙计

培养宽容品质,妈妈可以这样做。

种下宽容的小种子

懂得宽容,先要体会爱。可以给孩子讲讲宽容的故事,比如读一读绘本《逃跑的兔子》,告诉孩子:无论何时何地,爱都陪伴着他们。就像小兔子无论跑到哪里,妈妈的爱都跟着它一样。

在看动画片时,也可以引导孩子学习怎么和他人友好相处。比如,引导孩子:"哥哥,你可以等我一下吗?我想和你一起玩!"或者"对不起,我抢了你的玩具是我不对,我把它还给你,你能和我一起玩吗?"这样,孩子表达自身诉求或学着自己解决冲突的同时,也顺势学会了宽容。

感受情绪,理解他人的小秘密

大多孩子从六岁开始,就能理解人们行为背后的原因了。

这时，妈妈可以引导孩子多关注情绪，比如问问孩子："你为什么会因为他做了这件事而生气呢？如果换了你，你会怎么做？"和孩子一起感受情绪，探索情绪产生的根源以及解决问题的方法。引导他们试着站在不同的角度去理解每个人对同一件事的不同看法，这样孩子的视野会更宽广，进而更能理解他人，内心也变得更宽容。

宽容是一种选择，妈妈要做好榜样

妈妈一定要告诉孩子，宽容只是一种选择，并不是必须要做的。如果孩子遇到了霸凌，一定要及时告诉家长。

而妈妈呢，平时也要做孩子的好榜样。当我们自己遇到问题时，可以和孩子一起讨论，告诉他们我们的感受，怎么处理情绪，为什么选择原谅等。这样，当孩子遇到类似情况时，也能学会怎么处理。

◆ 小结

引导孩子体会和理解爱是培养宽容品质的前提，通过故事、日常冲突解决等方式，可以逐步引导孩子学会宽容。而作为妈妈，更应成为孩子的榜样，因为妈妈的言行举止深深影响着他们，我们对宽容的探索和实践，应当照亮孩子的成长之路。

好奇：去旅游时对景点提问

好奇心是孩子认识世界的钥匙，也是他们探索未知的原动力。当孩子对周围的事物产生疑问时，说明他们正在主动思考、观察和连接这个世界。旅行是激发好奇心的绝佳机会——陌生的风景、不同的文化、新奇的事物，都能点燃孩子的求知欲。作为家长，我们不必急着给出标准答案，而是可以引导孩子观察、提问、假设，甚至一起寻找答案。这种探索的过程，比结果更重要。当孩子的好奇心被呵护，他们就会逐渐养成主动思考的习惯，而这种习惯将伴随他们一生，让学习不再是任务，而是一种自然而然的乐趣。

◆案例分析

七岁的航航跟着爸爸妈妈去西安旅游。在参观兵马俑时，其他小朋友都在听导游讲解，航航却突然蹲下来，指着陶俑的鞋子问:"为什么他们的鞋底都有花纹?是不是怕打仗时滑倒?"

爸爸没有直接回答,而是反问:"你觉得呢?"航航想了想:"我们运动鞋的鞋底也有花纹,防滑的!"妈妈趁机引导他观察更多细节:"那你看这些鞋底花纹和我们的一样吗?"航航仔细对比后惊呼:"他们的花纹是一道一道的,像轮胎!"

导游听到他们的对话,笑着解释:"秦朝士兵要长途行军,鞋底花纹能增加摩擦力。"航航兴奋地追问:"那他们下雨天会不会打滑?冬天会不会冻脚?"爸爸掏出手机:"我们查查当时的气候和制鞋工艺?"一家三口蹲在展厅角落,搜索资料后发现,秦朝士兵的鞋子不仅防滑,还采用了多层皮革制作,保暖又耐磨。

接下来的旅程,航航变成了"小小考古学家"——在古城墙上研究砖块的拼接方式,在回民街观察烤馍的炉子构造,甚至尝试用笔记本画下各种新发现。回家后,他主动要求看纪录片《如果国宝会说话》,还和爸爸一起用橡皮泥仿制了带"防滑纹"的秦朝战靴。

孩子的好奇提问往往天马行空,家长要做的不是充当"百科全书",而是成为"探索伙伴"。案例中,父母通过反问(你觉得呢)、细节引导(观察鞋底差异)、即时求证(一起查资料)这三个步骤,把简单的景点参观变成了深度探究。这种"问题比答案更重要"的态度,能让孩子保持终身受益的好奇心。

◆ 常见场景

除了案例中的情况,家长还可以在哪些场景下培养孩子的好奇品质呢?

○ 户外自然观察:带孩子去公园或自然保护区,引导孩子观察动植物,观察季节变化或天气现象,培养对自然世界、环境变化的好奇。

○ 博物馆之旅:定期参观不同类型的博物馆,让孩子接触并感受历史的深度和文化的广度。

○ 艺术创作活动:鼓励孩子参与绘画、雕塑等艺术活动,激发其创造力和对艺术的好奇。

○ 由故事启发思考:讲述充满想象力的故事,启发孩子提出问题并自己寻找答案,培养孩子的好奇心。

○ 科学实验:在家里与孩子一起进行简单的科学实验,激发孩子对科学的好奇。

○ 角色扮演游戏:通过角色扮演游戏,让孩子体验不同角色的生活,激发孩子对世界的好奇。

○ 技术支持学习:使用教育软件和在线资源,让孩子利用科学技术探索知识,比如学习 AI。

○ 阅读多样化:鼓励孩子阅读各种类型的书籍,拓宽他们的视野。

◆ 沟通与培养策略

"好奇"品质培养场景及策略

场景	不当表达	正向沟通	教育重点
全家外出旅游	忽视孩子的好奇心,埋怨孩子:"快听导游姐姐讲解吧!别瞎问了。"	理解孩子的好奇心,小声回应孩子:"你这个问题很棒!"	保护好奇心和探索欲
户外自然观察	限制孩子在户外的探索:"外面没什么好看的。"	鼓励孩子在自然中观察和探索:"看看这些树叶和花朵,它们在不同季节有什么变化呢?"	对自然界的感知和探索意识
博物馆之旅	不懂得引导孩子:"不喜欢就逛逛别的地方吧!反正看来看去也就这些东西。"	与孩子分享博物馆的展品故事:"这些展品背后有很多有趣的故事和历史。"	对历史和文化的认知和兴趣
艺术创作活动	批评孩子的艺术作品:"你画的这是什么呀?看起来好奇怪。"	赞赏孩子的创造力:"你的作品很有创意,艺术是表达自己的一种方式。"	创造力和艺术欣赏能力
由故事启发思考	只读故事不讨论:"故事讲完了,睡觉吧!"	讨论故事内容并提问:"故事里的主人公是怎么解决这个问题的?"	想象力和解决问题的能力

续上表

场景	不当表达	正向沟通	教育重点
科学实验	认为科学实验太复杂:"你太小了,这些不适合你。"	一起做实验并解释原理:"看这个化学反应,它告诉我们的科学原理是……"	对科学的兴趣
角色扮演游戏	忽视角色扮演的教育意义:"别玩这些幼稚的游戏。"	参与孩子的游戏并引导其想象:"如果你是这个角色,你会怎么做?"	想象力和同理心
技术支持学习	限制孩子接触科技产品:"小孩子玩什么电脑?!"	引导孩子科学使用教育软件:"我们可以用这个软件来了解更多关于太阳系的知识。"	技术利用能力和信息素养
阅读多样化	只允许孩子读指定的书籍:"这些闲书没用。"	提供多种类型的书籍:"这本书是关于恐龙的,你对它感兴趣吗?"	阅读兴趣和知识拓展

◆ 育儿妙计

培养好奇品质,妈妈可以这样做。

共探好奇的小径

激发孩子的好奇心,并不意味着要他们立刻对一切充满好奇,而是在日常生活中,引导他们发现世界的奇妙。要踏上这条小径,妈妈得以身作则,和孩子一同展现对世界的好奇。比如看到一朵奇特的花,不妨停下脚步,和孩子一起观察,猜猜它是什么花,再一起查找资料验证。这样,孩子就会明白,原来每个细节都可能藏着有趣的故事。

同时,为了培养孩子的好奇心,还可以主动提供探索环境。具体来讲,可以在家中设置一个"探索角",放置放大镜、磁铁、不同材质的布料等有趣的物品,鼓励孩子自由探索和实验。也可以多带孩子去户外,如公园、动物园或自然保护区,让他们接触大自然,观察动植物,引导他们思考关于自然界的问题。通过这些活动,让孩子感受世界的多样性和奇妙。

点燃好奇的小火花

除了日常的引导,还可以通过故事和亲身体验来点燃孩子的好奇之火。告诉他们,很多伟大的发明和发现,都始于某个人的好奇。就像牛顿因为好奇苹果为何落地而发现了万有引力。带孩子进行简单的实验或手工制作,让他们亲手触摸、感受,明白好奇可以带领自己探索未知。

同时,可以经常向孩子提出开放式问题,如:"你觉得为什么会这样?"或"你认为接下来会发生什么?"鼓励孩子思考并给出自己的答案。当孩子提出问题时,即使问题很简单,也要认真回答,并引导他们进一步思考。通过提问与讨论,激发孩子的好奇心，让他们学会主动思考和探索。

接受犯错或不完美，共同成长

告诉孩子，好奇并不总是带来理想的结果，但犯错或不完美是学习的一部分。当孩子提出一个看似简单的问题或做出错误的尝试时，别埋怨或急于纠正，而要耐心给出答案或引导他们从错误中学习，一起思考如何做得更好。比如，当他们尝试使用不同的颜色但效果不佳时，可以说："这次的颜色搭配很有趣，下次我们可以试试其他颜色搭配，可能会更好！"

同时，妈妈可以和孩子一起学习与体验，比如共同阅读科普书籍或观看教育纪录片，讨论其中的内容，激发他们对新知识的兴趣。除此之外，还可以尝试一些简单的科学实验或手工制作活动，让孩子亲手操作，体验其中的乐趣。通过这些活动，让孩子明白好奇心是学习的动力，鼓励他们不断探索和尝试新事物。

作为妈妈，无法为孩子解答所有的问题，但可以让他们明白，世界充满了未知和可能，好奇的人往往可以学到更多，收获更多。

◆ 小结

通过本节的探讨，深刻认识到激发孩子好奇心的重要性，并学会了如何通过主动提供探索环境、提问与讨论以及共同学习与体验等策略,来引导孩子踏上好奇之旅。更重要的是,明白了以身作则和接受犯错或不完美的价值,它们不仅是培养孩子好奇心的关键,更是陪伴孩子共同成长、探索未知世界的宝贵财富。让我们带着这份认知,继续与孩子一同前行,在好奇心的引领下,共同发现生活的无限可能。

平静：多跟妈妈一起散步

在快节奏的现代生活中，孩子也常常面临各种压力与焦虑。平静不是与生俱来的能力，而是一种需要培养的情绪智慧。当孩子学会在纷扰中保持内心的安宁，他们就能更好地应对挑战、调节情绪。散步，这个看似简单的日常活动，恰恰是培养平静的最佳方式之一。不需要特别的场地或工具，只要一双舒适的鞋子和一段亲子相伴的时光，就能让孩子在自然的怀抱中放松身心。妈妈平稳的呼吸、规律的脚步声、周围环境的细微变化，都在无声地教会孩子：生活不必总是匆匆忙忙，慢下来，才能看见更多美好。

◆ 案例分析

小雨是个容易焦虑的八岁女孩，最近因为期中考试临近，晚上总是辗转难眠。妈妈注意到她经常咬指甲，做作业时坐立不安,于是决定每天晚饭后带她去小区后面的滨河步道散步。

起初,小雨总是急匆匆地走在前面,不停地念叨着考试题目。妈妈没有打断她,只是放慢脚步,轻声说:"你看,柳枝在跟你打招呼呢。"小雨不耐烦地回头,却意外发现夕阳下的柳枝随风轻摆,像在跳优雅的芭蕾。妈妈趁机牵起她的手:"我们来玩个游戏,看谁找到的声音最多。"

渐渐地,小雨的注意力被转移了。"我听到鸟叫!"小雨说。"是白头鹎在唱歌。"妈妈指着头顶的树梢,"那边还有小麻雀在拌嘴呢。"走到河岸边,小雨突然蹲下身:"妈妈快看,有只乌龟在石头上晒太阳!"她们静静地观察了十分钟,看着乌龟慢悠悠地滑入水中,在水面留下一圈圈涟漪。

一个月后,散步成了母女俩雷打不动的习惯。小雨开始主动发现更多细节:雨后泥土的清香、不同形状的云朵、落叶飘落的轨迹。最让妈妈欣慰的是,小雨学会在紧张时深呼吸,还会说:"妈妈,我们去走走吧,看看今天能发现什么。"

现在,小雨的书桌上多了个"自然收藏盒",里面装着散步时捡到的特别树叶、光滑的鹅卵石。考试那天早上,她特意摸了摸盒子里的一片银杏叶,那是她和妈妈在最有意义的散步中捡到的"幸运符"。

培养平静不是一蹴而就的事,需要家长以身作则。案例中的妈妈没有直接说教"你要冷静",而是通过建立散步仪式、设计自然游戏、保持耐心陪伴,让孩子在潜移默化中学会调节情绪。这种"润物细无声"的方式,比任何说教都更有效。当孩子焦虑时,一个熟悉的散步邀请,往往比"别紧张"的安慰更有安抚力量。

◆ 常见场景

孩子在哪些场景下,更容易获得平静情绪呢?

○ 自然散步:带孩子在自然环境中散步,自然环境的平和有助于孩子放松心情。

○ 练习深呼吸:教孩子在情绪波动时通过深呼吸来使自己平静下来。深呼吸有助于缓解紧张和焦虑情绪。

○ 倾听柔和音乐:播放柔和的音乐,音乐的韵律可以安抚孩子的情绪。

○ 阅读睡前故事:每晚为孩子读睡前故事,温暖的故事可以给人带来心灵的安宁。

○ 进行艺术活动:鼓励孩子通过绘画等艺术活动表达自己,艺术创作能够一定程度上平复情绪。

○ 培养园艺爱好:与孩子一起种植花草,园艺活动能够让孩子感受到生长的平和。

○ 学习烹饪:教孩子学习烹饪,烹饪过程中的专注和创造可以给人带来心灵的宁静。

○ 独处:在家庭日程中安排一段安静的时间,让孩子学会享受独处的平静。

○ 观赏夜空:与孩子一起观赏夜空,浩瀚的星空不仅能够引发孩子对宇宙的敬畏,而且可以给人带来内心的平静。

◆沟通与培养策略

"平静"情绪培养场景及策略

场景	不当表达	正向沟通	教育重点
自然散步	限制孩子:"别整天就知道往外跑,没事多在家看看书多好。"	鼓励孩子拥抱大自然:"我们一起去公园转转,大自然能让我们的心情变得平和。"	情绪调节能力、热爱自然
练习深呼吸	忽视孩子的情绪波动:"别这么大惊小怪。"	教授深呼吸技巧:"深呼吸可以帮助我们平静下来,跟我一起深呼吸。"	压力管理和自我安抚
倾听柔和音乐	忽略音乐的安抚作用:"听什么音乐,快去做作业!"	播放柔和音乐帮助孩子平复情绪:"让我们一起来听一听这首曲子,它很舒缓,希望能让你的心情平静下来。"	情绪安抚和艺术欣赏
阅读睡前故事	取消睡前亲子共读:"你是大孩子了,不需要睡前故事了,赶快睡觉。"	坚持读睡前故事:"我们来讲一个睡前故事吧,它能让心安静下来。"	语言发展和想象力

续上表

场景	不当表达	正向沟通	教育重点
进行艺术活动	贬低孩子的艺术尝试："绘画没天赋,不要浪费时间了。"	鼓励孩子进行艺术创作："绘画是表达自己的好方式。"	创造力和表达力
培养园艺爱好	忽视园艺的价值："种这些花花草草有什么用?!"	和孩子一起种植花草,引导孩子："园艺能让我们与自然更亲近。"	耐心和生态意识
学习烹饪	认为孩子烹饪是在浪费时间："你做不来的,别弄脏了厨房。"	耐心教授孩子烹饪技巧："烹饪是一种创造,能让我们恢复平静。"	生活技能和创造力
独处	学习计划过满："赶紧学习去,发什么呆?!"	安排独处时间："安静的环境能让我们更好地思考。"	自我反思和独处能力
观赏夜空	忽略夜空的美丽："外面太黑了,不安全。"	在安全前提下陪孩子一起观赏星空："星星真漂亮,夜空的广阔能让我们感到平静。"	好奇心和热爱自然的意识

◆育儿妙计

培养平静的情绪,妈妈可以这样做。

妈妈情绪稳定,则孩子情绪易平复

当妈妈在日常生活中展现出平静和稳定的情绪时,孩子也更容易控制自己的情绪。比如,妈妈在遇到问题时保持冷静,用积极的方式处理问题,孩子看到后就会模仿,学着在类似情境下也保持冷静。此外,妈妈还可以为孩子创造一个安全、舒适的物理环境,比如在家中设置一个"安全岛",并教他们一些简单的放松技巧,如深呼吸、数数等。这样,当孩子感到紧张或焦虑时,他们就能在这个安全的环境中使用这些技巧来平复自己的情绪了。

鼓励表达情绪,引导孩子认知情绪

鼓励孩子表达自己的情绪,并引导他们认识和理解不同的情绪,这对他们管理情绪非常有帮助。妈妈可以倾听孩子的感受,鼓励他们用言语表达自己的情绪。比如,当孩子说"我生气了"时,妈妈可以回应:"我看到你很生气,能告诉我发生了什么事情吗?"这样,孩子就会感到被理解和支持。

同时,妈妈还可以通过画画、唱歌等亲子互动活动帮助孩子认知不同的情绪,并教会他们适当的情绪表达方式。比如,妈妈可以和孩子一起画一幅表达不同情绪的画,或者一起唱一首关于情绪管理的歌曲,让孩子在轻松愉快的氛围中学习和掌握管理情绪的方法和技巧。

多元活动做引导,提升情绪调节力

多元的活动和引导,可以帮助孩子提升情绪调节能力。妈妈可以与孩子一起进行阅读、画画、听音乐、唱歌、做运动等有助于情绪平复的活动。比如,当孩子情绪激动时,妈妈可以邀请他们一起画画或听音乐,通过这些活动来转移他们的注意力。

此外,妈妈还可以和孩子一起进行亲子瑜伽、亲子舞蹈等互动活动,这些活动不仅可以帮助他们放松身心,还能增进亲子关系。

同时,艺术和手工活动、规律的生活习惯,以及兴趣爱好的培养也是引导孩子学会管理情绪的好方法。比如,妈妈可以鼓励孩子参与他们感兴趣的活动,如运动或集邮。这些活动不仅可以帮助他们放松身心,还能培养他们的专注力和自信心。

◆ 小结

为了让平静情绪来得更快一点,更有效地帮助孩子管理情绪,妈妈可以综合应用一些策略。首先,以身作则,展现出平静和稳定的情绪。其次,为孩子创造一个安全、舒适的环境,并教他们放松技巧。同时,鼓励孩子表达自己的情绪,并通过画画、唱歌等亲子互动活动引导他们认识和理解情绪。最后,通过多元的活动和引导来提升孩子的情绪调节能力。